ジョブ型雇用入門

自社にとって最適な
人材マネジメントの
実現に向けて

入門

三菱ＵＦＪリサーチ＆コンサルティング

石黒太郎・小川昌俊・三城圭太［著］

労務行政

はじめに：「ジョブ型」は成果主義の二の舞になるのか？

　本書において想定している読者は、日本企業の人材マネジメントに携わっている管理職および実務家の皆さんです。この読者像に合致する方であれば、昨今、ジョブ型に関する情報を頻繁に目にしていることでしょう。そういったジョブ型関連の記事や書籍を読む、あるいは上司・同僚とジョブ型について話し合う際、その論旨の「ジョブ型」が何を意味しているのか、皆さんはしっかりと見極めていますでしょうか。同じジョブ型でも、「ジョブ型雇用」と「ジョブ型人事制度」あるいは「ジョブ型採用」とでは、意味する内容が大きく異なります。ジョブ型関連の情報に接するに当たっては、早い段階で当該情報におけるジョブ型の意味を確認しておかなければ、大きな誤解やボタンの掛け違いにつながってしまうことになるでしょう。

　ジョブ型という言葉の生みの親である濱口桂一郎氏（労働政策研究・研修機構 労働政策研究 労働政策研究所長）は、その数々の著作の中で「ジョブ型」を雇用（または労働社会）の修飾表現として用いています。本来のジョブ型とは、雇用システム全体の特徴を示した言葉なのです。そして、この雇用システムという表現を企業目線で解釈すると、社員の採用から退社に至るまでのすべての人材マネジメントが包含されます。つまり、企業にとっての「ジョブ型雇用」とは、当該企業における人材マネジメント全体がジョブ型であって初めて成立するものといえます。

　したがって、「ジョブ型雇用」を書籍名に冠する本書では、ジョブ型の正しい解釈・理解にこだわり、「ジョブ型人事制度」という表現をあえて用いません。等級・評価・報酬など、狭義の基幹人事制度は人材マネジメントを構成する要素の一部であり、基幹人事制度だけを「ジョブ型」にしたとしてもジョブ型雇用を実現することはできないからです[参考1]。また、今、世間で言われているジョブ型人事制度とは、昔からある「職務等級人事制度」の呼び名を変えただけにすぎない場合がほ

とんどです。従来の職務等級人事制度に、ジョブ型という新たなラベルを貼ったとしても、その本質は変わりません。それどころか、ジョブ型というラベルが、読み手に対してあたかも最新の人事制度であるかのような誤解を与える危険性が高いと考えています。重要なことなので繰り返しますが、ジョブ型人事制度を導入するだけでは、ジョブ型雇用は実現できません。

　同様の理由から「ジョブ型採用」という表現も本書では用いません。ジョブ型採用とは、新たに入社する社員が最初に配属される職種またはポジションを特定するだけの施策であることが多いからです。ジョブ型採用の導入をもってジョブ型をアピールすることはやめておくべきでしょう。

　では、なぜ、本書で筆者らがジョブ型の正しい理解にこだわるのか、それには明確な理由があります。端的に言えば、以前の成果主義ブームと同じ轍を日本企業に踏んでほしくないからです。1990年代前半のバブル経済崩壊以降、人材マネジメント分野において成果主義の導入がブー

参考1 ジョブ型雇用と職務等級人事制度（ジョブ型人事制度）の関係

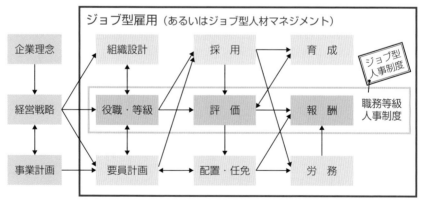

資料出所：三菱UFJリサーチ＆コンサルティング（以下、資料出所に特に明記のない場合は三菱UFJリサーチ＆コンサルティングによるもの）

ムとなり、多くの日本企業が人事制度改定に踏み切りました。その後も役割等級制度、裁量労働制度、年俸制、地域限定コース制度など、さまざまな人事制度によって日本独特の画一的・同調的な働き方の見直しが図られてきました。しかしながら、一定の改善は見られたとしても、当初狙ったような変革と呼べるレベルにまで至ることはできなかったのが実態ではないでしょうか。その大きな理由の一つは、戦後日本社会に根付いた「日本型雇用」が持つ強い「慣性力」にあると筆者らは考えています。つまり、日本型雇用という人材マネジメントの土台が変わらない以上、その土台の上にどのような人事制度を導入したとしても、日本型雇用の慣性力が強過ぎるために、職場で長年継続してきた画一的・同調的な働き方の変革にはつながらないということです[**参考2**]。

　そのため、本来のジョブ型雇用をジョブ型人事制度に矮小化して解釈・検討し、その実体が従来の「職務等級人事制度」からラベル替えしただけの内容にとどまる場合、その導入の先に待ち受けているのは成果主義ブームと同じような結果ではないでしょうか。企業の経営戦略の一環として人材マネジメント変革や多様な働き方の実現を本気で目指すのであれば、日本型雇用の上に職務等級人事制度（あるいはジョブ型人事制度）を据えるのではなく、人材マネジメントの土台からジョブ型雇用の考え方を取り入れることを想定し、検討を進めていくことが必要です。

参考2 日本型雇用の慣性力

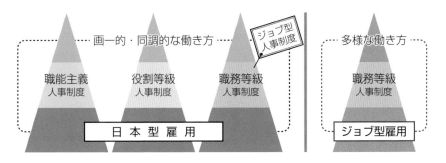

そこで本書では、日本企業においてジョブ型雇用を検討するために習得しておくべき知識・ノウハウについて、全17章の4部構成でわかりやすく紹介していきます。

　まず、第1部（第1〜4章）では、そもそもジョブ型雇用とはどういったものなのか、ジョブ型雇用に関する正しい理解を読者の皆さんと共有します。本書の内容を効果的に活用するための基礎知識として読み進めてください。

　続く第2部（第5〜9章）では、ジョブ型雇用の必要条件である職務等級人事制度の在り方と設計方法について解説します。ジョブ型雇用検討の際、ジョブディスクリプション（職務記述書）をどう整備するかが多くの日本企業にとっての悩みの種になりますが、第6章の内容が解決のヒントになるでしょう。

　第3部（第10〜14章）は、採用や人材育成、エンゲージメントマネジメントなど、ジョブ型雇用の考え方を取り入れた人材マネジメントの運用に関する内容です。また、それらの運用を支える人事組織・インフラの在り方についても併せて紹介します。

　最後の第4部（第15〜17章）は、筆者らのコンサルティング実績から、日本企業3社における具体的な事例を解説します。ジョブ型雇用検討の実例として参照ください。

　昨今のジョブ型ブームを成果主義の二の舞にはしたくない。そんな想いを込めて執筆に取り組みました。読者の企業におけるジョブ型雇用検討の際に、本書が参考になることを願っています。

CONTENTS
目　次

第4部　事例編　　257

第 1 部

基 礎 編

ジョブ型雇用の特徴と日本型雇用との違い

　ジョブ型雇用の企業における就労経験がない方にとって、ジョブ型雇用を正しく理解することは極めて困難です。しかも、日本型雇用の経験が長ければ長いほど、染み付いた先入観から抜け出すことが難しく、ジョブ型雇用を誤解していることにすら気づけない傾向にあります。ジョブ型雇用の正しい理解なくして、その検討を適切に進めることはできません。そこで、第1章ではジョブ型雇用における人材マネジメントの特徴について、従来の日本型雇用と比較する形で解説します。これまでにジョブ型雇用に関するさまざまな情報を見聞きしてきた方であっても、何かしら新たな気づきがあることでしょう。また、社内においてジョブ型雇用に関する共通理解を形成する際にも、ぜひ本章の内容を活用ください。

特徴❶　基本報酬：報酬の「値札」が何に付くのか？

［1］ヒトに値札が付く日本型雇用

　ジョブ型雇用と日本型雇用では、基本報酬の考え方に大きな違いがあります。換言すれば、基本報酬という「値札」が何に付くのかが全く異なるということです。

　多くの日本企業では基本報酬の値札がヒト（社員）に付きます。例えば、株式会社ブラックストーン（仮名）の若手社員である山田さんに付いた値札が月額24万8000円だとしたら、山田さんがブラックストーン社においてどんな仕事に就くにせよ、基本報酬は24万8000円から大きく変わりません。人事・営業・技術など、職種を問わず月額24万8000円になります（手当などによる多少の差はあります）。このように、値札をヒト

に付けることによって、頻繁かつ柔軟な異動が容易にできるというメリットを日本企業は享受しているのです。

　また、日本型雇用の人材マネジメントにおける基本報酬は、多くの場合、個々の社員の能力・成果で決定されることになっています。しかし、実際には年齢給や勤続給、あるいは過去からの積み上げによる貢献給などによって、能力・成果とは直接関係ない年功的な右肩上がりの報酬カーブになりがちです[図表1－1：左]。社員が、今、どのような職務を担っているかは、基本報酬の額とあまり関係がありません。つまり、基本報酬が現時点の職務価値に応じた時価設定になっていないということです。したがって、2人の社員、例えば[図表1－1：左]にある山田さんと佐藤さんが全く同じ職務を担う場合であっても、基本報酬が異なることになります。この状況は同一労働同一賃金とはいえず、あえて命名するとすれば、同一年功同一賃金と呼ぶべきでしょう。そして、報酬カーブの形状も各社独自のものであるため、職種や職務の違いよりも、勤務す

図表1－1　基本報酬に関する考え方の違い

日本型雇用の人材マネジメント

社員の能力・属性等によって基本報酬を決定。職務を変更してもあまり増減しない。同一職務でもヒトによって異なる

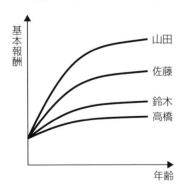

ジョブ型雇用の人材マネジメント

各ポジションの職務価値によって基本報酬を決定。職務の変更に連動して増減する。同一職務であれば同一報酬となる

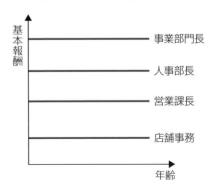

る企業の違いのほうが、報酬水準への影響がはるかに大きいのが日本型雇用の実態です。日本の労働市場において職種・職務に応じた報酬水準相場が形成されづらいのはこのためです。

　こういった日本型雇用の人材マネジメント下での基本報酬が生み出す最大の問題が、社員が担う職務の価値と基本報酬の額との乖離です。新卒入社から正規雇用として勤務し続けた前提において、40代・50代の社員の多くは、担う職務の価値よりも高い基本報酬を得ていることでしょう。実際、中高年社員が転職を試みようとしても、現報酬水準の維持すら困難であることがその証左です。

［2］「椅子」に値札が付くジョブ型雇用

　一方、ジョブ型雇用では、基本報酬の値札が「椅子」、すなわちポジションに付きます。例えば、営業課長の「椅子」の値札が月額38万4200円である場合、その「椅子」に誰が座ることになっても基本報酬は38万4200円になります。値札がヒトではなく「椅子」に付くのがジョブ型雇用の基本です。個々の社員の専門性やスキルが高くなったからといって、自動的に基本報酬がアップするわけではありません。社員が自らの専門性やスキルを向上させたとしても、担当する職務の内容が高度化しなければ、基本報酬は上がらないという点に注意が必要です。

　ジョブ型雇用における基本報酬の値札の額は、ポジションの職務価値の大きさによって決まります。社員の年齢や扶養家族の有無など職務に関係のない個人的な属性が職務価値算定に入り込む余地はありません。同じ職務であれば、同じ基本報酬になることが原則であり［図表1－1：右］、真の同一労働同一賃金と言ってもよいでしょう（ただし、あくまで原則であり、ジョブ型雇用の基本報酬に定期昇給のような要素が全くないわけではありません）。

特徴❷ 採用：仕事を選ぶのか、会社を選ぶのか？

[1]新卒一括採用前提の日本型雇用

「シューカツは、"就職"ではなく、"就社"」、そのような言い回しを聞いたことはないでしょうか。日本における新卒時の就職活動、いわゆるシューカツは、本当の意味での「就職」活動ではありません。

一般的な日本の大企業では、毎年の新卒一括採用が主要な人材獲得方法になっており、新卒だけでカバーし切れない人材を中途採用で補塡する傾向にあります。

新卒一括採用では、実際の入社日の数カ月から1年あるいはそれ以上前に採用学生が内々定となります。また、内々定時点では配属部署や担当職務内容が決まっていません。採用合否基準は、基礎学力と「コミュニケーション力」「論理的思考力」などのメタ的能力であることが多く、しかもそれらの能力を、サークル活動やアルバイト経験、職務とは直接関係のない研究内容等について、面接官（多くの場合、面接官トレーニングを受けていない）が話を30分程度聞くだけで見極めようとします。そして、採用合否を決める主体は人事部門単独であることが多く、採用がうまくいかなかったとしても、面接官や人事部門が公式な責任を問われることは少ないでしょう。

新卒入社における就職活動とは、多くの場合、仕事選びではなく、単なる会社選びであり、どの会社のメンバーに入れてもらうかが活動の主眼になっています。入社後に配属部署が会社から申し渡され、担当職務が一方的に決まることから、最近では「配属ガチャ」といった言葉も生まれるなど、キャリア志向の若者世代から忌避され始めています。

また、個々の社員について、職務上のパフォーマンスを理由に解雇することが難しい日本の労働社会において、新卒一括採用という手法を企業側の視点から改めて客観的に考察すると、不合理とすらいうべき状況かもしれません。

[2]キャリア採用前提のジョブ型雇用

　ジョブ型雇用における採用では、ポジションごとに募集活動が行われます[図表1-2：右]。「営業職募集」といった職種ごとではなく、一つひとつのポジションについて、社内公募あるいはキャリア採用によって担当職務に適した人材を探すことになります。採用が職務と直接つながっているため、人事部門の役割は募集活動と書類審査程度にとどまり、面接および実質的な採用合否決定は募集するポジションの上司が担うことになります。

　新卒採用も例外ではありません。インターンシップなどで募集ポジションの適性があるかを見極められ、ポジションごとに採用者が決まります。職務経験に乏しい新卒求職者が処遇の良いポジションを得るのは難しくなりがちであり、ジョブ型雇用社会の国々において若手世代に失業者が多いのはそのためです。また、大学での専攻と就職できるポジションが直結することが多く、専攻によって就職の有利不利や報酬額が大きく異なってきます。結果として、労働市場の人材需給状況が大学での専攻の人気と連動することになり、社会と乖離した象牙の塔と化した大学は、

図表1-2　採用に関する考え方の違い

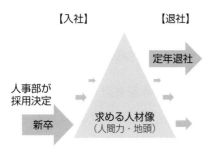

日本型雇用の人材マネジメント

求める人材像に基づき、新卒一括採用。不足分を中途採用で補填

ジョブ型雇用の人材マネジメント

欠員補充のため、ポジションごとの人材要件に基づき、社内公募・キャリア採用

学生からの人気が凋落していきます。

　なお、前記「[1]新卒一括採用前提の日本型雇用」の第2段落の中で「中途採用」という言葉をあえて使用しました。実は、中途採用という言葉自体、日本型雇用の色に染まった表現です。なぜなら、社員が新卒入社から定年退職まで勤務し続けることが暗黙の前提になっており、そうではない「中途」での採用という意味だからです。ジョブ型雇用では、そもそも新卒入社から定年退職まで同一の企業で勤務することを前提にしていないので、中途という概念そのものがありません。したがって、「ジョブ型雇用では中途採用が中心になる」といった説明は、厳密には正しいとはいえないのです。

　また、少し余談になりますが、皆さんが顧客企業の会社名を呼ぶ際、社名に"様"や"さん"を付けることはないでしょうか。例えば、「富士フイルム様」とか「キヤノンさん」といった具合です。この「社名＋"様"・"さん"の呼称」は、「就社」意識の高いわれわれの深層心理が働いた結果であり、会社とそこで働く社員を一体のものと見なしてしまうからだと筆者は考えています。相手の会社名を呼び捨てにすることは、その会社の社員を呼び捨てにするのと同じ程度に失礼だと捉えてしまうということです。無論、ジョブ型雇用における会社と社員は一体のものではなく、個別に労働契約を結んだ対等な関係です。ある社員が労働契約を解除し転職したとしても、周囲から落伍者あるいは裏切り者扱いされることはありません。むしろ多くの同僚・友人が「Congratulations!」と新しい門出を祝ってくれるでしょう（直属上司がそうとは限りませんが）。

特徴❸　職務記述書：ジョブディスクリプションはなぜ必要か？

[1]ジョブディスクリプションを整備しない日本型雇用

　ほとんどの日本企業では、ポジションごとの職務内容を記述するジョブディスクリプション（職務記述書）を整備していません。その理由は

明快です。なぜなら日本型雇用の人材マネジメントではジョブディスクリプションを整備する必然性がないからです。同じ営業課長の「椅子」（ポジション）であっても、そこに座るヒト（社員）の能力・スキル・経験によって職務内容を変える必要があるため、ジョブディスクリプションを整備する意味がありません。むしろ、ジョブディスクリプションによって職務を固定化してしまうと、ジョブローテーションがうまく機能しなくなってしまうので、日本型雇用にとってジョブディスクリプションは害悪にすらなり得ます。

［2］ジョブディスクリプションを整備するジョブ型雇用

　筆者が日本企業の北米製造法人に人事部門長として駐在していた当時、現地のさまざまな企業の人事制度を訪問調査したことがあります。その際、ジョブディスクリプションを整備していない企業に出会うことはありませんでした。その理由は明快です。ジョブディスクリプションを整備しなければ、ジョブ型雇用の人材マネジメントが有効に機能しないからです。

　特徴❶ の基本報酬に関する内容で触れたとおり、ジョブ型雇用においては基本報酬の値札が「椅子」（ポジション）に付けられ、その額は職務価値の大きさに基づいて設定されます。この職務価値算定のために行われるのが「職務評価」であり、ジョブディスクリプションが職務評価の際に極めて重要な評価根拠となります。つまり、ジョブディスクリプションは単に職務内容を記述しただけのものではなく、その存在自体がジョブ型雇用における基本報酬設定の前提条件になっているのです。

　また、**特徴❷** で触れた採用についても同様です。個々の空席ポジションについて、その職務を担うのに最適な人材を探し出すためには、ポジションごとの人材要件が必要になります。ジョブディスクリプションは、採用時の人材要件を明確化する材料としても活用されます。人事部門によるポジションごとの採用募集活動の円滑な実施に、ジョブディスクリ

プションが寄与しているのです。

　そのほかにもジョブディスクリプションは、人事評価の際の基準として用いられるなど、ジョブ型雇用における人材マネジメントの軸となる役割を果たします。ジョブディスクリプションを単にTo Doを列記しただけのタスクリストと考えていると、ジョブ型雇用の本質を見誤ることになります。また、ジョブディスクリプションを整備してもすぐに形骸化してしまうという声を聞くこともありますが、日本型雇用の土台に職務等級人事制度（ジョブ型人事制度）を積み重ねた企業の意見であることが多いのが実態です。

　もしも、海外の人事マネージャーと会話する機会があれば、「うちの会社にはジョブディスクリプションがありません」と言ってみてください。おそらくは「ジョブディスクリプションなしにどうやって人材マネジメントを行っているのですか？」と目を丸くされるはずです。ただし、海外でも先進的な企業では、ジョブディスクリプションを廃止する動きも一部にはあります。そのため、「あなたの会社の人材マネジメントはかなり先進的なのですね」と麗しく誤解してくれるかもしれません。

特徴❹　異動：「単身赴任」を英語ではどう表現する？

［1］日本型雇用では頻繁に異動を実施

　日本の労働法・慣行に基づき、多くの日本企業は辞令一枚で社員を異動させることができます。職種をまたいだジョブローテーションや転居を伴う転勤命令も可能であり、当たり前のように実施されています［図表1−3：左］。日本企業では日常茶飯事と言ってもよい異動ですが、海外でも同様だと考えてはいけません。もしも海外の人事マネージャーや経営者と人事部門の仕事について意見交換する機会があれば、いわゆる人事権についてぜひ話題にしてみてください。皆一様に、一般的な日本企業が保持する人事権の強さに驚き、そしてうらやましがることでしょ

図表1−3 異動に関する考え方の違い

日本型雇用の人材マネジメント	ジョブ型雇用の人材マネジメント
会社が人事権を有し、社員に異動（ジョブローテーションや転勤）を指示	社員自らキャリアを自律的に形成。異動は社員の合意なしに発生しない

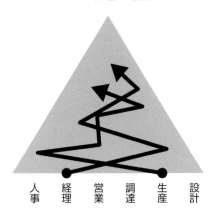

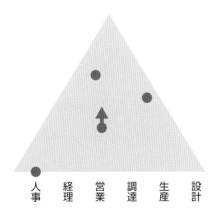

人事　経理　営業　調達　生産　設計

　う。日本国内の企業では、就業規則や雇用契約書における異動に関する記載と、異動そのものに一定の合理性があれば、社員を何度も転勤やジョブローテーションをさせることができます。日本では当たり前のことですが、世界の国々と比較すると稀有な状況です。

　また、単身赴任が社会的に特別視されていないことも日本企業の特徴です。日本における有配偶者単身赴任者数を直接的に調べた直近の統計値は見当たりませんが、関連するデータから読み解く限り、数十万人という規模で単身赴任者が存在していると想定されます。ちなみに、単身赴任を英語で何と言うか、皆さんはご存じでしょうか？　実は英語には単身赴任を端的に示す表現が存在しません。"He lives separately from his family for work." あるいは "She lives away from home for work." といった感じで、説明文のように表す必要があります。短く示す表現がないという事実が、海外（少なくとも英語圏）ではそれだけ単身赴任が珍しい状況であることを意味しています。

[2]会社指示の異動がまれなジョブ型雇用

　ジョブ型雇用では転勤やジョブローテーションといった異動がほとんど行われません[図表1-3：右]。社員本人の合意なしに、会社が一方的に異動を決めることはしない（またはできない）のです。当然ながら、キャリア形成は社員自らが考え、取り組むべきものという位置づけになります。また、地域限定職といったコース区分も、ジョブ型雇用には存在しません。そもそも、全員が転勤のない地域限定職だからです。

　さらには、意外に思われるかもしれませんが、ジョブ型雇用では昇進ですら本人の事前合意が必要になります。わかりやすい例として、アメリカの映画やドラマで、次のようなシーンをご覧になった経験はないでしょうか。

【場面】ブラックストーン社（仮名）の営業担当役員である
　　　　スティーブの執務室

（スティーブがおもむろに内線電話をかける）

スティーブ　「ジェニファー、折り入って話があるんだ。今から私の
　　　　　　　オフィスに来てくれないか」

（しばらくしてジェニファーがスティーブの部屋に来る）

ジェニファー「お待たせ、スティーブ。あなたに呼び出されるなんて、
　　　　　　　嫌な予感しかしないわ。今度は何？」

スティーブ　「やぁ、ジェニファー、急にすまない。さぁ、そこのソ
　　　　　　　ファに腰掛けて。早速だけど、今、新規事業の営業部長
　　　　　　　ポジションが空席になっているのは知っているかな」

ジェニファー「ええ、もちろん。部長だったジョンが競合他社に引き
　　　　　　　抜かれてから3カ月。あの部はこのままじゃ崩壊よ。後
　　　　　　　任は見つかったの？」

スティーブ　「実は、後任の部長に君を推薦しようと思っているんだ」

ジェニファー「ちょっと何を言っているの、スティーブ。私にはあん

```
          な激務のポジション、無理よ。家庭の問題も抱えている
          し、務まるはずないわ」
スティーブ  「いや、あのポジションを担えるのは君しかいないと私
          は考えている」
ジェニファー「無理。無理と言ったら無理よ」
スティーブ  「いいかい、ジェニファー、これは君にとってチャンス
          なんだ。私にできるサポートは何だってする。一緒に挑
          戦してみないか」
ジェニファー「今ここで結論は出せないわ。1週間考える時間をくれ
          ないかしら」
スティーブ  「わかった。良い返事を待っているよ。何か質問があっ
          たら、いつでも聞いてほしい。私のオフィスのドアは君
          のために開けておくから」
```

　やや誇張した会話を紹介しましたが、ジョブ型雇用における異動とはポジションの変更を意味します。そのため、昇進、つまり上位ポジションへの変更もまた異動の一種ということになり、昇進であっても本人の合意が必要です。日本企業に長く勤務していると上記のような場面に強い違和感があるかもしれませんが、それが現実のものになるのがジョブ型雇用です。

　ただし、ジョブ型雇用の人材マネジメントにおいて転勤やジョブローテーションが全く生じないわけではありません。特に、優秀人材を対象とする選抜型人材開発では異動が成長支援プランとして活用されます。選抜された社員本人に将来の幹部候補の1人であることを伝え、本人同意の上で別の職種や海外駐在を戦略的キャリア形成の一環として経験させ、経営ポジションへの登用に向けて長い時間をかけて鍛え上げます。一般的な日本企業のように総合職ならどんな社員であっても数年おきにジョブローテーションさせるのではなく、優秀人材に限定して計画的に

行うのが、ジョブ型雇用の人材マネジメントにおける異動の特徴といえます。

特徴❺ 人事評価：ジョブ型雇用への移行＝成果主義の強化？

［1］日本型雇用では異動を前提に人事評価を実施

多くの日本企業では、職種や職務内容の違いにかかわらず、資格・等級が同じであれば同じような項目・基準の人事評価制度が適用されます。したがって、ある日本企業において成果を重視する制度改定が行われる場合、営業にも現場のオペレーターにも同じような成果主義評価が適用される傾向にあります。製造業において生産現場の組付作業者にまで目標管理を適用するような人事評価は、日本企業の特徴といってもよいでしょう。

日本型雇用の人材マネジメントにおいて職種間で共通の人事評価が行われることには理由があります。それは、**特徴❹** で触れた頻繁な異動のためです。職種をまたいで社員をジョブローテーションさせることが多く、異動した社員が人事評価で不利にならないようにする前提として、評価の仕組みを共通にしておかなければならないのです。また、同様の理由から、人事評価に全社共通の能力・役割基準による相対分布の考え方が用いられる傾向にあります。

［2］ジョブ型雇用では職務内容に応じて人事評価を実施

ジョブ型雇用の人材マネジメントでは、職種や職務内容に応じて適用される人事評価が変わることが珍しくありません。営業のような、個々の働きぶりで業績に大きく差が出る仕事では、強い成果主義が適用されます。逆に、業績にあまり差が出ない仕事であれば、成果主義は弱まります。そもそも人事評価自体が行われないことも少なくありません。

「ジョブ型雇用への移行に伴って、成果主義が強化される」といった趣

旨の記事を新聞やWEBで目にすることが多くありますが、ジョブ型雇用の本質を理解した内容とはいえず、残念に感じています。正しいジョブ型雇用の検討のためには、ジョブ型雇用＝成果主義という単純な図式ではないことを強く認識すべきです。

特徴⑥ 登用：出世は社会人の本懐なのか？

[1]空席ポジションの有無にかかわらず昇格の可能性がある日本型雇用

　日本型雇用、特に職能資格制度の人材マネジメントでは、上位ポジションが空席かどうかにかかわらず、社員の能力向上などに応じて「昇格」を決定します[図表1－4：左]。そのため、会社の成長と組織拡大が続かない限り、上位資格者が必要ポジション数に対して過多になってしまい、組織のピラミッドバランスを保つことが難しくなります。

　また、昇格＝昇進でないことにも注意が必要です。昇格しても担う職

図表1－4 登用に関する考え方の違い

日本型雇用の人材マネジメント	ジョブ型雇用の人材マネジメント
社員の能力向上などに応じて昇格。大卒総合職全員が管理職を目指す前提	ポジションが空席の場合、最適な社員を昇進させる、または社外から採用する。多くの社員は同一ポジションにとどまり続ける

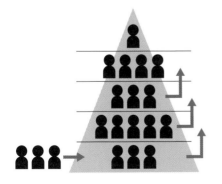
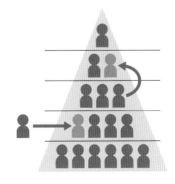

務内容には全く変化がない、または上位役職に任用されても昇格しないといった、ジョブ型雇用の人材マネジメントでは考えにくい現象が往々にして発生します。

2016年公開の日本映画『シン・ゴジラ』に、「出世は男の本懐だ。そこに萌えんとは、君、なんで政治家になった？」という印象的なセリフがありました。このセリフは政治家だけでなく、日本企業の大卒総合職にも一方的に当てはめられてきたといえます。なぜなら、日本型雇用の人材マネジメントでは、大卒総合職全員が経営幹部、少なくとも管理職を目指す前提の仕組みになっていることが多いからです。新卒一括採用による入社の後、社員本人の望むと望まざるとにかかわらず、数年おきに昇格することが求められ、大手企業では同期入社との長年にわたる出世競争が繰り広げられます。一選、二選（第一選抜、第二選抜の略）といったレッテルで社員の新卒入社年に応じた年次管理が行われ、その結果、過剰な数の管理職（多くは部下なし管理職）が生み出されることになります。

[2]空席ポジションに応じて社内・社外から任用するジョブ型雇用

ジョブ型雇用においては、あるポジションに空席が出た場合、その席を埋めるために誰かを任用することが原則となります。任用の方法としては、同じ部署の下位ポジションの現職者から最適な社員を当該ポジションに昇進させるか、もしくは社外から採用してくるかのいずれかになることが多いでしょう**［図表１−４：右］**。つまり、ジョブ型雇用の人材マネジメントにおける昇進と採用は、候補者が社内にいる（＝昇進）のか、社外にいる（＝採用）のかの違いにすぎないのです。

また、空席ポジションの存在が任用の前提となっているため、組織のピラミッドバランスが保たれやすいのも特徴です。その帰結として、社員の誰もが社内の上位ポジションへの昇進を目指すような組織風土は醸成されず、多くの社員は同じポジションにとどまり続けることになりま

す。日本型雇用のように、多くが新入社員からスタートし、「人生ゲーム」のように社内での順調な昇格を目指すようなキャリアとは、決定的に異なります。そのため、日本型雇用の人材マネジメントでは一般的な総合職・一般職といったコース区分も、ジョブ型雇用では必要がありません。

　上記の状況から、ジョブ型雇用の労働社会において出世を本懐と考える人材ならば、自らが狙っている社内の上位ポジションにしばらく空席が生じなさそうな雰囲気を感じた場合、他社への転職を考え始めるでしょう。ライバルの同僚が上位ポジションに登用されたタイミングがまさにその時になります。また、昇進チャンスの多さ・速さといった観点から、オールドエコノミー大企業よりも、市場拡大基調にある産業の若い成長企業のほうが転職先として人気を集める傾向にあります。

特徴❼　人材育成：底上げ型か、選抜型か？

［1］社員を初心者から一人前に育て上げる日本型雇用

　日本型雇用、特に大企業では、会社が社員を初心者から一人前に育て上げる前提の人材育成が行われます。新卒一括採用の新入社員に対し、数カ月間の導入研修を行う企業も数多くあります。自社独自の知識・仕事の進め方だけでなく、電話の受け方、名刺の渡し方、お辞儀の角度など、ビジネスパーソンとして極めて基本的かつ汎用的な内容を初歩から集中的にトレーニングするのが人事部門の重要な役割の一つとなっており、人材育成予算の多くを投入します。

　そして、新入社員導入研修の後は、数年おきの昇格タイミングに合わせて研修を開催することが多く、資格・等級に応じた階層別研修体系が形づくられます。その目的は社員全体の底上げにあり、前提となる考え方が護送船団方式のため、研修内容を高いレベルには設定できません。優秀人材にとっては物足りない研修になりがちです。また、新卒入社か

ら数十年の間、自社の社員であり続ける前提の研修体系のため、中途採用での入社者に対する人材育成は手薄なものになりやすいのが実態です。

　階層別研修体系の特徴は、昇格が研修参加の主な契機になることにあります。そのため、昇格率が高めに設定される若手・中堅の頃はまだしも、その後も係長格、課長格、次長格、部長格と狭き門をくぐり抜けて昇格し続けない限り、いずれは研修に呼ばれる機会がほとんどなくなります。係長格や課長格に昇格して以降、定年退職まで約20年間、会社による人材育成施策が適用されないといったケースも珍しくはありません。久々に呼ばれた研修が、定年退職後の生活設計に向けたライフプランセミナーというベテラン社員も多いでしょう。

［2］優秀人材をリーダーに育て上げるジョブ型雇用

　ジョブ型雇用の場合、募集ポジションの職務を担える人材を都度、採用することが原則になります。そのため、日本型雇用の新入社員導入研修のように基本的かつ汎用的な育成に時間・労力・費用をかける必要がありません。また、毎年4月1日に多くの社員が一挙に入社することはなく、数カ月にわたるような手厚い導入研修を効率的に実施することがそもそも難しい状況にあります。そして、**特徴❻** の登用に関する内容で触れたとおり、社員の誰もが上位ポジションへの昇進を目指す前提ではないため、底上げ型の人材育成も不要です。社員が自らのキャリアを自律的に考え、自身のキャリアビジョンに基づいた自己学習が基本となります。

　だからといって、ジョブ型雇用の人材マネジメントにおいて人材育成が行われないわけではありません。むしろ、日本企業よりもレベルの高い中長期的な育成が行われます。一部の「これは」という優秀人材に対象を絞り、意図的な成長支援を図るのです。ターゲットポジションへの登用に向け、単発ではない高度なシリーズ研修、研修での学びを実践するストレッチアサインメント、それらをフォローアップするコーチング、

育成結果を見極めるアセスメントなどが適用されます。それらに投じる時間・労力・費用たるや階層別研修の比ではありません。これが本来のサクセッションマネジメントであり、人事部門だけでなく、経営者がその運用に積極的に関与します。

特徴❽ 管理職の役割： テレワークを機にジョブ型雇用に移行すべき？

［1］人材マネジメントの主体の違い

　日本型雇用の多くの企業では、社員の入社から退社まで人材マネジメントのほとんどを人事部門が統括します。そのため、各職場の管理職の人材マネジメントにおける役割は「運用」の範囲にとどまります。

　一方、ジョブ型雇用の人材マネジメントの主体は各職場の管理職であり、人事部門はその補佐役を担うにすぎません。日本型雇用における管理職との大きな役割の違いは主に、①組織を設計し、部下を人選する、②部下を受け入れ、育成し、評価する、③ハイ・パフォーマーを惹きつけ、ロー・パフォーマーを活性化するの3点であり、ジョブ型雇用では職場における人材マネジメントの責任を個々の管理職が負います。

①組織を設計し、部下を人選する

- 事業戦略実行に必要な組織を設計し、個々のポジションのジョブディスクリプションを作成・アップデートする
- 空席ポジションが発生した場合、人事部門と補充方法を協議する
- 社内公募あるいは社外からの採用を試みる場合、その人材要件を明文化し、人事部門を通じて募集活動を展開する
- 応募者に対する面接を実施の上、合否を決定し、処遇を人事部門と調整・決定する

　部下を自ら人選する点が日本型雇用の人材マネジメントと大きく異なり、職場の管理職に任用責任が重くのしかかります。

②部下を受け入れ、育成し、評価する

• 新たに部下となる社員のオンボーディングプランを立案し、受け入れる

• 部下の適性に応じた育成プランを立案・実行する

• ジョブディスクリプションと年度目標に基づき、働きぶりをフォローアップする

• 絶対評価に基づく人事評価を実施の上、成長支援のためにフィードバックする

• 場合によっては昇給・減給額、賞与額も決定する

　これらの役割遂行は、管理職にとって自組織のパフォーマンス向上に直結する取り組みであり、自らの評価にも影響する重大事です。日本企業では、人事部門がフォローしなければ面談すら実施しない管理職も珍しくありませんが、その程度のマネジメント力でジョブ型雇用の管理職を担うことは難しいでしょう。

③ハイ・パフォーマーを惹きつけ、ロー・パフォーマーを活性化する

• 高業績を上げる優秀な部下が離職しないよう、内発的・外発的動機づけを駆使し、組織に対するエンゲージメントを高いレベルに引き上げ、維持する

• 働きぶりが芳しくない部下については、人材開発プラン（Performance Improvement Planと呼ばれることが多い。パフォーマンスの改善に取り組ませるアクションプラン）を立案し、本人と面談・合意の上、徹底的にフォローアップする

　社員本人の同意がない異動が行われないジョブ型雇用においては、主に社員の入社・退社（または社内公募）によって組織のメンバー構成が変わります。そのため、ハイ・パフォーマーが離職し、ロー・パフォーマーが居座るような状況では、その職場の管理職が高い業績を上げることは極めて困難です。部下の動機づけと活性化は、ジョブ型雇用の管理職にとって極めて重要な役割となります。

［2］ジョブ型雇用への移行には管理職のマネジメント力向上が必須

　上記のとおり、ジョブ型雇用における管理職の役割の重さは、人事部門が人材マネジメントのほとんどを統括してくれる日本型雇用の比ではありません。ジョブ型雇用の管理職には、日本型雇用よりもはるかに高いマネジメント力が求められます。職場の管理職がしっかりと部下をマネジメントできていない組織の場合、そのままではジョブ型雇用への移行は極めて困難です。ジョブ型雇用の検討と同時に、管理職のレベルアップ策を講じなければなりません。

　また、テレワークの浸透を機に「ジョブ型雇用への移行を検討すべき」という意見を見聞きすることはないでしょうか。ジョブ型雇用では職務内容がジョブディスクリプションによって明文化されるため、職務遂行プロセスが見えにくいテレワークに向いているという趣旨であることがほとんどです。しかしながら、日本型雇用であっても、職務や目標を上司・部下間でしっかりと5W2H（Who：誰が、What：何を、When：いつ、Where：どこで、Why：なぜ、How：どのように、How much：どれだけ）の視点で擦り合わせれば、テレワークはうまくいきます。逆に、職場の人材マネジメントがしっかりしていないのにジョブ型雇用に移行してしまうと、さらに大きな問題につながってしまうでしょう。

　第1章では、ジョブ型雇用における人材マネジメントの特徴を日本型雇用と対比する形で紹介してきました。続く第2章では、そういった特徴を有するジョブ型雇用が、なぜ多くの日本企業から注目を集めているのか、その背景について丁寧に紐解いていきます。

第2章

日本企業がジョブ型雇用を求める背景

　ジョブ型雇用という言葉が人口に膾炙するようになったのは、ここ数年のことです。しかし、ジョブ型雇用の考え方そのものは、古くは戦後にGHQが職務給導入を日本産業界に推奨するなど、昔から存在していました。ではなぜ、現代の日本社会においてジョブ型雇用が注目を集めるようになったのでしょうか。本章ではその背景を[図表2−1]のように五つに整理し、紹介していきます。皆さんの企業では幾つの背景が当てはまるか、じっくり確認してみてください。

背景❶ 日本の経済成長鈍化と少子化

　従来の日本型雇用の特徴の一つに「昇格」があります。昇格とは、社員を格付ける資格・等級を能力向上等に応じてランクアップさせる仕組みです。特に大卒総合職は、その多くが管理職等級への昇格を目指す運用になっていることが多いのが実態でしょう。昇格の可否は、上位ポジションが空席であるかどうかとは無関係であることが多く、職務内容の変更を伴わない昇格すら一般的です。そのため、会社組織が事業成長に

図表2−1　ジョブ型雇用が注目を集めるようになった背景

1. 日本の経済成長鈍化と少子化
2. Society 4.0（情報社会）からSociety 5.0（超スマート社会）への移行
3. 事業領域のグローバル化
4. 若者を中心とする就労意識の変化
5. 非正規雇用増加に伴う社会的要請

応じて拡大し続けなければ、あるべき組織体制に対して上位資格・等級の社員数が過多の状況に陥っていくことになります。

　戦後昭和時代は、そういった昇格の仕組みが日本企業においてうまく機能していました。日本全体の経済成長に伴って、会社組織も順調に大きくなっていったからです。日本型雇用の原型が形づくられた戦後の高度経済成長期の間、日本の実質経済成長率は年率9％以上ありました[図表2−2]。1973年の第4次中東戦争に伴うオイルショック以降、安定経済成長期に入った後も、成長スピードは減速したとはいえ、年率約4％の成長率を保っていました。日本型雇用における昇格は、この頃の成長率に基づく組織拡大があって初めて健全に運用される前提の仕組みであり、バブル経済崩壊後の低成長期においては、その前提が成立しな

図表2−2　**日本の実質経済成長率の推移**

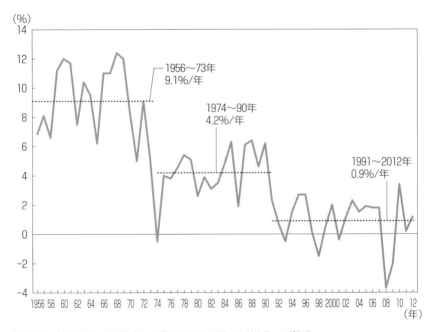

資料出所：内閣府のデータに基づき、三菱ＵＦＪリサーチ＆コンサルティング作成

くなってしまったのです。

　また、日本経済の成長鈍化だけでなく、少子化進展も日本型雇用に大きな影響を与えています。[**図表2−3**]は1960〜2040年までの日本における18歳人口と進路を示したグラフです。平成時代の18歳人口のピークは1992年の205万人ですが、令和元年すなわち2019年には120万人を切る水準まで少子化が進んでいます。一方で、大きく伸びたのが大学進学率です。18歳人口が1992年から30年弱で6割未満にまで減少する急速な少子化が進行したにもかかわらず、大学進学者数は増え続けています。今や18歳人口の半数以上に当たる約60万人が大学に進んでいる状況にあります。その帰結として、高校卒業とともに社会に出る若者の数は約10%にまで減少しました。

　そういった長期的人口動態の中で日本企業の人材マネジメントに生じた大きな変化が「ホワイトカラー総合職の全員大卒化」です。日本型雇用がうまく機能していた1980年代まで、総合職採用には大卒と高卒の社員が混在していることが通常でした。つまり、国家官僚にキャリアとノンキャリアがあるように、同じ総合職でも大卒社員には高卒社員よりも高い昇格率が適用されていたのです。それが少子化進展と進学率変化の影響によって、総合職が全員大卒となる状況に大きく変化しました。それにもかかわらず、多くの日本企業は1980年代以降に入社した大卒総合職社員、特にバブル入社世代にも高い昇格率を適用し続け、組織にとって必要以上の数の管理職等級社員（部下なし管理職を含む）をつくり出してしまったのです。

　そこで、日本企業各社の年齢別人員構成の状況を確認しておきましょう。[**図表2−4**]は年齢別人員構成のグラフを類型化したものです。縦軸が人員数、横軸が年齢を意味しています。それぞれのグラフを左に90度回転させれば、類型の名称の左半分の形状が表れます。例えば、2.ひし形型のグラフを左に90度回転させれば、ひし形の左側部分（＜）が表れ、合わせ鏡のように左右反転させれば、ひし形（◇）が完成するといっ

図表 2 − 3 日本の18歳人口と進路の推移

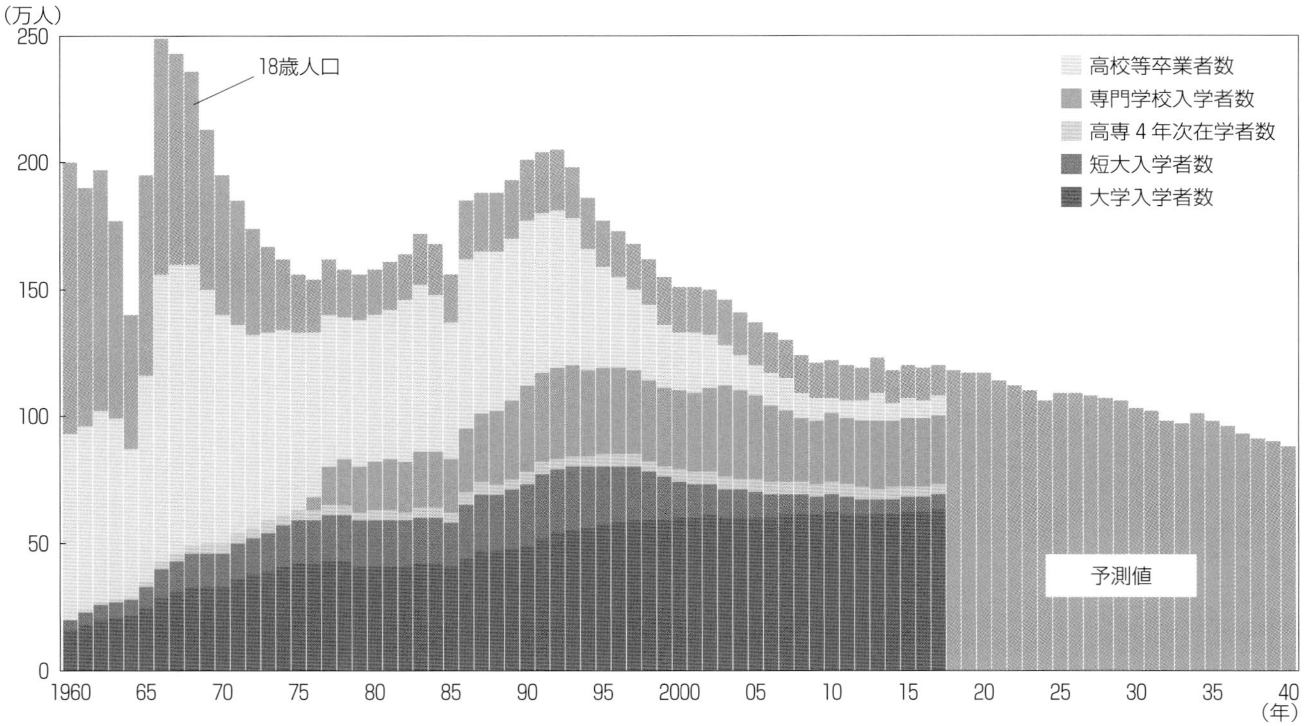

(万人)

高校等卒業者数
専門学校入学者数
高専4年次在学者数
短大入学者数
大学入学者数

18歳人口

予測値

資料出所：文部科学省「高等教育の将来構想に関する参考資料」に基づき、三菱UFJリサーチ＆コンサルティング作成

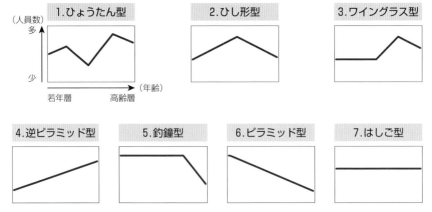

図表2－4 年齢別人員構成の類型

1.ひょうたん型

2.ひし形型

3.ワイングラス型

4.逆ピラミッド型

5.釣鐘型

6.ピラミッド型

7.はしご型

資料出所：三菱UFJ信託銀行と三菱UFJリサーチ＆コンサルティングが共同で実施した「人事・退職給付一体サーベイ（シニア活用編）」（2019年）に基づき作成（[図表2－5]も同じ）

た具合です。これらの類型に照らした場合、読者の皆さんが属する企業の年齢別人員構成はどの形状に近いでしょうか。

　これら七つの類型のうち、中高年社員数の比率が高いのは、1.ひょうたん型、3.ワイングラス型、4.逆ピラミッド型の三つです。三菱UFJ信託銀行と三菱UFJリサーチ＆コンサルティングが共同で実施した調査「人事・退職給付一体サーベイ（シニア活用編）」（2019年）によると、これら三つの合計が全体の69.5％を占めていました[図表2－5]。つまり、約7割の日本企業は中高年社員数の比率が高い状況にあるといえます。また、会社の人数規模や業態による大きな違いが見られないので、これは多くの日本企業に共通する傾向とも考えられます。

　[図表2－5]の結果から、昭和時代から続く多くの日本企業の中高年社員数の比率は非常に高く、かつ過剰な数の管理職等級社員が存在していると想定されます。その場合、中高年社員の賃金水準の高さが企業経営を圧迫していることは間違いありません。なぜならば日本型雇用の年功的な処遇により、中高年社員に支払われている賃金は、本人

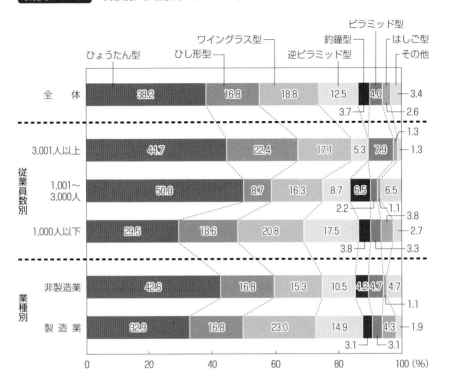

図表2−5 年齢別人員構成の類型に関する設問への回答比率

が担う職務価値を超えてしまっており、"逆ザヤ状態"にあるからです
［図表2−6］。これらの状況を受け、組織体制および総労務費適正化の
観点から、職務価値に応じて処遇を決定するジョブ型雇用に注目が集まっ
ているというわけです。

背景❷ Society 4.0（情報社会）から Society 5.0（超スマート社会）への移行

　2016年に閣議決定された第5期科学技術基本計画において、日本が目
指すべき未来社会の姿としてSociety 5.0が提唱されました。Society 5.0

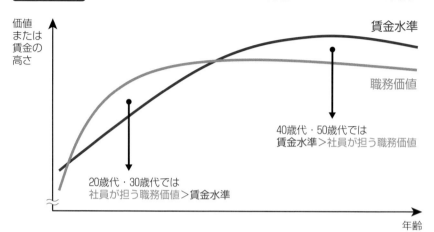

図表 2 - 6 日本企業における賃金水準と職務価値のアンバランスな関係

価値
または
賃金の
高さ

賃金水準

職務価値

40歳代・50歳代では
賃金水準＞社員が担う職務価値

20歳代・30歳代では
社員が担う職務価値＞賃金水準

年齢

は、「サイバー空間（仮想空間）とフィジカル空間（現実空間）を高度に融合させたシステムにより、経済発展と社会的課題の解決を両立する、人間中心の社会」と定義づけられています。この動きを受け、日本経済団体連合会（以下、経団連）は、「Society 5.0の実現を通じたSDGs（持続可能な開発目標）の達成」を柱として2017年に企業行動憲章を改定し、会員企業に対してその自主的な実践を求めています。

これまでのSociety 3.0（工業社会）からSociety 4.0（情報社会）にかけては、市場において物質的な豊かさが求められ、大量生産・大量消費による規模の経済と効率性が追求されました。特に日本企業においてはPDCAサイクルが重視され、改善の積み重ねによる品質・コスト競争力のたゆまぬ向上が図られてきました。しかし、今後の日本政府および産業界が実現を目指しているSociety 5.0は「創造社会」であり、市場ニーズの多様化への対応と社会的課題解決による価値創造が重視されるようになります[**図表 2 - 7**]。過去からの延長線上にある改善の積み重ねだけでなく、非連続のイノベーションを素早く起こさなければなりません。AI・IoT・ビッグデータ・ロボット・ブロックチェーンなどのデジタル

図表 2 − 7 Society 5.0時代の課題解決型企業

	旧 来 型 企 業	課題解決型企業
競　　　争	コスト・差異化	価値創造
価 値 観	カイゼン	イノベーション
戦　　　略	クラシック戦略	アダプティブ戦略
プロセス	PDCA	＋アンラーニング
考 え 方	擦り合わせ	組み合わせ
リソース	内製	外部調達
意思決定	経験ドリブン	データドリブン
開　　　発	ウォーターフォール	アジャイル
組　　　織	ヒエラルキー	アジリティ
育　　　成	OJT・底上げ	リカレント・選抜

　分野やバイオテクノロジーといった最先端の技術を企業内のあらゆる活動に取り入れていく必要があります。伝統的な経営戦略の立案・実行や業務プロセスの改善だけでは、企業は生き残ることすら難しくなるでしょう。

　このSociety 5.0における市場あるいは企業間競争の特徴を端的に表すのに適した言葉が、VUCA（Volatility：変動性、Uncertainty：不確実性、Complexity：複雑性、Ambiguity：曖昧性の四つの単語の頭文字をつないだ造語）です。VUCA時代の先行きが見通せない経営環境においては、事業運営に必要なナレッジの陳腐化が従来にも増して速くなります。企業が環境変化に対して柔軟かつ迅速に反応するには、過去からのナレッジを必要に応じてアンラーン（学習棄却）し、新たなナレッジへと素早く更新しなければなりません。さもなければ、イノベーションのジレンマの沼に沈み込んでしまうでしょう。

　これまでの日本型雇用は、上記のような今後求められる企業経営の在り方と相性が良くありません。なぜならば日本型雇用では、社員の能力

は経験によって積み重ねられるものと考えられているからです。社員が身に付けた知識・能力・スキルは陳腐化しないという前提であり、それが故の年功的な処遇なのです。しかも、社員をジョブローテーションによってゼネラリストに育て上げることが多く、イノベーションに必要な「尖った専門性の多様なつながり」を社内でつくり出すことは難しい状況にあります。その一方で、最先端の専門家人材を社外から高処遇で採用してくるという発想は例外的であり、ほとんどの企業ではそもそも人材マネジメントに仕組みとして組み込まれていません。

　また、日常業務における課題として、自社の労働生産性の低さを問題視する経営者も数多いことでしょう。[図表2－8]のとおり、日本全体の労働生産性は先進国の中で最低レベルにあります。

　日本の労働生産性の低さは、他の国々に対して情報通信技術（ICT）の活用が大きく遅れていることに理由の一端があります[図表2－9]。

図表2－8　労働生産性の各国比較（2015年）

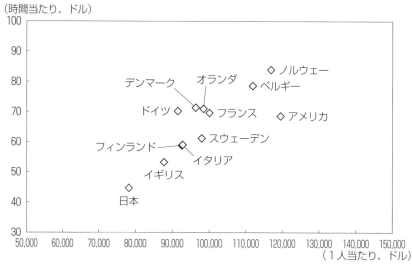

資料出所：厚生労働省 職業安定局 平成30年度 雇用政策研究会 第1回「資料6　雇用を取り巻く環境と諸課題について」（[図表2－13]も同じ）

図表2－9 先進国のICT投資額推移（1995年を100とした場合）

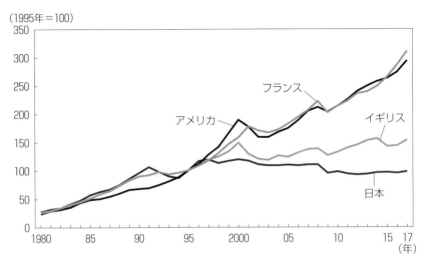

（1995年＝100）

資料出所：総務省「令和元年版 情報通信白書」

日本型雇用では業務プロセスやシステムが企業独自のものになっている
ことが多く、企業間共通の汎用的な情報通信技術を活用しにくい状況に
あるのです。また、ICT活用によって業務を変革し、省人化を図ったと
しても、既存社員に担ってもらう仕事（多くは単純な事務作業）がなく
なり、逆に余剰人員を抱えてしまうといった新たな問題の発生も想定さ
れます。そのような問題を回避するために、ICTによる労働生産性向上
への投資が日本企業では軽視されてしまうという残念な傾向にあります。
　今後、従来のナレッジや成功体験に固執し、新たな学びをやめてしまっ
た人材は、どれだけ社会人としての経験年数が長くても、その存在自体
が人的不良債権になってしまう可能性が高いでしょう。日本企業がICT
を活用した労働生産性向上競争に大きく劣後してしまっていることがそ
の証左といえます。そして、この劣後は近い将来の実現が予測されてい
る汎用AIの登場によって差が広がるばかりでしょう。これからの日本企
業は社員にアンラーニング（これまでに得た知識や価値観をいったん捨

て去り、新たに学び直すこと。「学習棄却」または「学びほぐし」ともいう）とたゆまぬ学びを促し、自社にない知識・経験・スキルを有する人材を社外から調達する必要があります。社員の年功に報いる日本型雇用ではなく、現在時価の職務価値で処遇するジョブ型雇用に注目が集まっているのはそのためです。

背景❸　事業領域のグローバル化

　三つ目の背景は、日本企業における事業領域がグローバルに広がったことです。厚生労働省が発表した資料「平成30年版　労働経済の分析」によると、日本企業の海外現地法人数は2001年以降、右肩上がりで増え続けています（[図表2-10：棒グラフ]参照）。併せて同資料では、グローバルな事業活動を今後も重要視する日本企業が、製造業・非製造業の業種を問わず数多く存在することも紹介されています。

　一般的に、日本企業が海外現地法人を設立する場合、その経営は第1

図表2-10　現地法人企業数と海外在留邦人数の推移

資料出所：厚生労働省「平成30年版　労働経済の分析」

段階：進出・移転、第２段階：自律化、第３段階：現地最適化、第４段階：グローバル最適化といった段階を経て進展していきます（クロスボーダーの企業買収等を除く）。第１段階においては現地法人経営のほぼすべてを日本本社からの駐在員あるいは現地のビジネスパートナーが担うことが多いのですが、第２段階、第３段階と進むにつれて、現地で採用した人材が経営幹部として活躍するようになっていきます。また、第４段階では日本本社を含め、国籍や出身会社不問の人材登用が行われるようになります。逆に考えれば、海外において優秀な人材を採用・定着させ、経営の現地化を進めなければ、グローバル事業を次の段階に進められないということです。つまり、グローバル人材マネジメントがグローバル事業成功に向けた要件の一つになるのです。

　日本以外のほとんどの国々での人材マネジメントは、ジョブ型雇用が前提になっていると言っても過言ではありません。そのため、日本本社だけが日本型雇用、海外現地法人はジョブ型雇用というダブルスタンダードでは、グローバル最適な人材登用の実現は困難です。そういった背景から、日本本社も管理職以上はジョブ型雇用に移行させるという経営判断を行う企業が増えています。日本の大手グローバル企業がジョブ型雇用を 標 榜する場合、その背景には事業領域のグローバル化があるといってもよいでしょう。

　ちなみに、一般的な日本企業における海外駐在員の現地での役職は、駐在員として担う職務価値ではなく、日本本社での資格・等級に左右されるケースが多くあります。例えば、本社で係長格なら現地ではマネージャー、課長格ならゼネラルマネージャーといった具合です。その結果、現地での職務内容がほとんど変わらなくてもヒトによって役職が異なる、あるいは駐在期間中に本社での資格・等級が昇格すると自動的に現地での役職も１ランク上がることも珍しくありません。これは日本型雇用の典型的な昇格運用を海外現地法人に持ち込んでいるためであり、現地採用の社員にとって不可思議かつ不公正な人材マネジメントと思われがち

です。場合によっては、優秀現地人材のモチベーションダウンや離職につながりかねないため、"郷に入っては郷に従う"役職付与を行うべきでしょう。

背景❹ 若者を中心とする就労意識の変化

　日本の労働法・判例・慣習に基づき、日本型雇用では会社が強力かつ自由度の高い人事権を握っています。新卒一括採用の新入社員は、配属される事業所・部署や担当職務内容・勤務時間などが未定のまま入社しなければならないだけでなく、定年退職までの長きにわたって、会社指示のジョブローテーションに従う必要があり、時には転勤を強いられることも珍しくありません。自社でのみ通用する仕事の進め方・人間関係を身に付けることはできるでしょうが、労働市場で競争力のあるキャリアを自らの意志で形成することは困難です。そのため、一つの会社における社会人生活が長くなった社員ほど、キャリアそのものを会社に依存してしまうことになり、自らのエンプロイアビリティを高めるために自律的に学ぶ努力・姿勢が失われてしまう傾向にあります。

　その一方で、社員一人ひとりの中長期的なキャリア形成を会社に一任させておきながら、当の会社側にはその責任を負う人物なり組織なりが明確には存在していないという構造的欠陥があることも日本型雇用の特徴です。例えば、筆者は新卒入社したメーカーに約20年勤務し、その間6度のジョブローテーションを経験しました。もちろん一つひとつのジョブローテーションをその時々で決定した人物は存在するのですが、中長期的なキャリア形成の成否は誰も責任を問われることがありません。キャリア形成を会社に一任させながら、会社はその責任を負わない。それが日本型雇用におけるジョブローテーションの真の姿なのです。

　このような会社一任型のキャリア形成でも、戦後昭和時代は多くの社員がそれなりに幸せな会社人生を全うすることができました。終身雇用

や年功的処遇によって会社が報いてくれたからです。それがバブル経済崩壊とともに状況が一変しました。経営破綻に追い込まれる企業が増加し、リストラが一般的かつネガティブな意味のビジネス用語となり、有名企業での早期退職募集も珍しくなくなりました。今後数十年にわたる安泰な将来が約束された企業など、もはやどこにも存在しません。この状況変化は若者の就労意識にも確実に影響を与えています。[図表2−11]は新入社員による会社選択理由の推移を示したグラフです。「会社の将来性」を選択理由として示す折れ線は平成に入った頃から低下が続いています。大手企業に入社できれば生涯安泰という考え方は既に過去のものとなりました。一方で、平成時代に上昇した選択理由が「能力・個性が活かせる」と「仕事が面白い」です。自らの適性にマッチした成長実感のある仕事に就きたい、若者のそんな意識が垣間見られます。

　「一つの企業に定年退職まで勤務し、いろいろな部署でゼネラリストとして活躍したい」といった、日本企業にとって好都合な価値観を有する

図表2−11 新入社員の会社選択理由

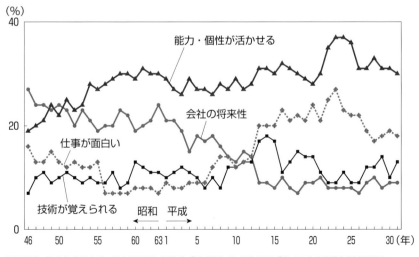

資料出所：日本生産性本部・日本経済青年協議会「平成31年度 新入社員『働くことの意識』調査結果」

優秀学生は、今や絶滅危惧種になりつつあります。東京大学をはじめとする一流大学の学生にとっての就職人気企業ランキングには、コンサルティングファームや外資系金融機関が名前を連ねているのが実態です。また、[図表2−12]のとおり、今の新入社員の半数以上は、10年以内に転職することを入社時点で考えている状況です。前記 背景❶ でも触れたとおり、日本型雇用では40代・50代の社員が過剰優遇され、逆に若者にとって損な仕組みになっていることは、優秀な学生の間では既に周知の事実です。

　また、新卒採用だけでなく、キャリア採用においても、日本の労働市場は大きく変わりつつあります。[図表2−13]は転職による入職者数の推移を示したグラフですが、特に大企業において増加の傾向が顕著です。2000年の大企業への転職入職者数は年間34万人でしたが、2016年には82万人まで増えました。前記 背景❶ において昨今の大学入学者数が年間60万人を超えていることを紹介しましたが、今や、大企業への転職入職者数は、毎年の大学入学者数よりも大きい数字になっているのです。以

図表2−12 新入社員の就労年数予想

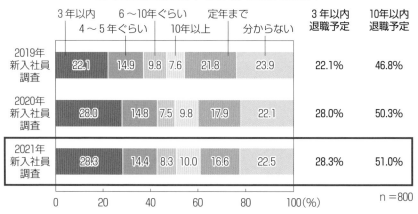

Q.今の会社であと何年ぐらい働くと思いますか？

	3年以内	4〜5年ぐらい	6〜10年ぐらい	10年以上	定年まで	分からない	3年以内退職予定	10年以内退職予定
2019年新入社員調査	22.1	14.9	9.8	7.6	21.8	23.9	22.1%	46.8%
2020年新入社員調査	28.0	14.8	7.5	9.8	17.9	22.1	28.0%	50.3%
2021年新入社員調査	28.3	14.4	8.3	10.0	16.6	22.5	28.3%	51.0%

n＝800

資料出所：マイナビ転職「2021年新入社員の意識調査」

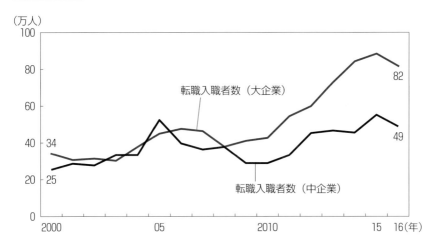

図表2－13 転職の現状（企業規模別転職入職者数・フルタイム）

（万人）

- 転職入職者数（大企業）
- 転職入職者数（中企業）

82

49

34

25

2000　　　05　　　2010　　　15　16(年)

前は「転職の限界年齢は35歳」といった言説を耳にすることが多かった
のですが、それも過去の話となりました。

　自らのキャリア形成を会社に委ねることが強いられる日本型雇用では、
少子化が進む中での人材獲得競争に勝利することが今後ますます難しく
なるでしょう。日本型雇用に染まり切った企業には、世の中の動きに敏
感な優秀な人材が集まりづらくなる可能性があります。優秀な人材採用
のための競争優位性確保は、ジョブ型雇用への移行を検討するのに十分
な理由になり得ます。

背景❺　**非正規雇用増加に伴う社会的要請**

　本来であれば、日本型雇用はバブル経済崩壊とともに終焉しても不思
議ではありませんでした。しかし、その終焉を先延ばしにしたのが1999
年の労働者派遣法の改正です。労働者派遣法そのものは1986年に制定さ
れていましたが、対象が1996年に専門16業務から26業務に拡大され、さ
らに1999年に対象業務が原則自由化されました。この法改正は、労働者

派遣を「臨時的・一時的な労働力の需給調整に関する対策」として位置づけたものであり、バブル経済崩壊後の不況の中、固定費（＝正規社員の雇用）の増加を避け、労働力不足を変動費（＝非正規社員の雇用）で対応したいという日本企業のニーズに合致していました。実際、多くの日本企業が正規社員の新規採用を抑え、非正規社員を増加させる結果となり[図表2－14]、日本型雇用は主に既存社員に限定して維持されたのです。

　しかしながら、非正規社員の増加は、日本社会全体に大きな歪みを生じさせてしまいました。従来の日本型雇用が前提としてきた就労モデル、すなわち夫が正規社員として働き、妻は専業主婦またはパートとして夫を支えるという家族の形（『サザエさん』『ドラえもん』『クレヨンしんちゃん』『ちびまる子ちゃん』などの長寿アニメで一般的）が雇用の前提として機能しなくなったのです。特に新卒就職活動が就職氷河期と重なってしまった世代は、フリーターという名の非正規雇用として一度社会に出てしまうと、正規社員になるチャンスが極端に限定されることに

図表2－14 正規・非正規雇用者数の推移

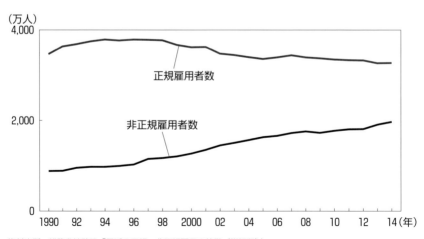

資料出所：総務省統計局「最近の正規・非正規雇用の特徴（詳細版）」

なりました。世帯主が正規社員ではない家庭が増加し、正規社員の雇用さえ守っていれば、不景気においても最低限の家計は保たれるという戦後昭和社会の常識はとうに通用しなくなっています。

　そういった社会全体の歪みを是正するために、同一労働同一賃金が法制化され、多くの日本企業が対応を急ぐことになりました。ただし、現時点において法律が要請しているのは正規・非正規社員間での処遇是正に限定されているといえます。本当の意味での同一労働同一賃金はまだ道半ばであり、ジョブ型雇用が真の同一労働同一賃金に踏み込めるか、注目を集めています。

　この **背景❺** の内容に関連し、SDGs（Sustainable Development Goals：国連による「持続可能な開発目標」。17のグローバル目標と169のターゲットがある）にもジョブ型雇用との関係を示す内容があることを皆さんはご存じでしょうか。それは、Goal 8「働きがいも経済成長も」にあるターゲット8.5の以下の文章（英語原文）です。

> By 2030, achieve full and productive employment and decent work for all women and men, including for young people and persons with disabilities, and equal pay for work of equal value.

　文末の表現、"equal pay for work of equal value" に注目ください。この部分、日本語では「同一労働同一賃金」と訳される場合がほとんどですが、この翻訳は誤解を招きやすいのではと筆者は考えています。なぜなら、日本の同一労働同一賃金は正規社員と非正規社員の処遇を一緒にするという文脈で使われることが多いのですが、英語表現の "equal pay for work of equal value" はそんな内容ではありません。work of equal value、同じ価値の仕事であれば、equal payであるべき、すなわち、職務価値に応じて報酬水準を決めなさいといっているのです。

　第1章の **特徴❶** 基本報酬で触れたとおり、職務価値に応じて報酬水準を決めるのはジョブ型雇用の大原則です。つまり、ジョブ型雇用が

SDGsの前提になっていると考えるべきではないでしょうか。したがって、企業の人事部門の方がSDGsのバッジを付けるからには、ジョブ型雇用の実現に向けた覚悟を周囲に表明していることと同義であると考えていただく必要があるかもしれません。

　第2章では、ジョブ型雇用に多くの日本企業から注目が集まる背景を五つにまとめて紹介しました。皆さんの企業には、どの背景が当てはまったでしょうか。当てはまる背景の数が多いほど、ジョブ型雇用への移行の喫緊度が高いといえます。そこで次章、第3章では日本型雇用からジョブ型雇用への移行について、その方向性を探っていきます。

ジョブ型雇用への移行の方向性

　すべての日本企業に対してジョブ型雇用への移行を安易にお勧めすることはできません。なぜならジョブ型雇用にもさまざまなデメリットがあり、移行に当たっては大きな副作用を伴い得るからです。場合によっては当該企業の人的競争力を毀損してしまう可能性すらあるでしょう。ジョブ型雇用への移行の方向性を探求していくに当たり、まずはジョブ型雇用の主なデメリットを整理し、「三つの困難」として紹介します。

1　ジョブ型雇用への移行後に待ち受ける三つの困難

[1]タイムリーな組織編成・人材確保が困難

　日本型雇用の人材マネジメントにおいては、会社都合によって社員を異動させることが容易です。そのため、経営戦略上の理由で新たな組織を急ぎつくる必要がある場合でも、とりあえずは社内から人員をかき集めることにより、比較的簡単に組織編成することができます。また、社内の重要なポジションに空席が生じたとしても、玉突きのジョブローテーションを重ねさえすれば、最終的には新卒採用の新入社員を1人追加確保するだけで、組織全体としてポジションを充足できます。ジョブ型雇用の労働社会の経営者や人事部門にとって、これは信じ難いほどうらやましい状況です。

　ジョブ型雇用の人材マネジメントでは、空席ポジションに対し、その職務を担うことができる（できそうな）人材を社外または社内で確保し、配置することが前提となります。そのため、当該ポジションの人材要件を充足する候補者が見つかるまでは、空席を埋めることすらできません。外部労働市場において人材獲得競争の激しい職種のポジションになると、

数カ月間は空席のままといった状況を覚悟する必要があります。新たな組織が必要な場合は、一人ひとりの採用に時間と労力を費やすよりも、M＆Aによって組織を丸ごと買ってしまったほうが格段に速いのです。

　また、すべての採用活動がポジションごとの取り組みとなることによる影響も大きいでしょう。一つひとつの空席ポジションについて人材要件を策定し、しかるべきルート（多くのホワイトカラー職種の場合、採用エージェント）を通じて募集しなければなりません。日本型雇用における新卒一括採用は、効率性という意味では極めて優れた仕組みです。新卒一括採用を廃止し、ジョブ型雇用に完全移行した場合、採用活動に要するコスト・工数が数倍以上に膨れ上がることを覚悟しなければなりません。

　加えて、社外からの採用決定に当たっては、人材要件の充足度だけでなく、自社のカルチャーや既存メンバーとのマッチングを見極める必要があります。採用後に職場の組織風土やコミュニケーションスタイルとの相性が悪いことがわかっても、その社員を簡単に他部署へと異動させられないからです。

　上記のとおり、ジョブ型雇用では組織編成および人材確保の柔軟性が日本型雇用に比べ大きく損なわれます。また、常に外部労働市場からの人材獲得を意識しなければならないジョブ型雇用では、人事部門が果たすべき機能も大きく変化します。

［2］自社流の共有が困難

　新卒一括採用が主な人材確保方法である日本型雇用では、社会人経験のない新入社員を無色透明の状態から自社のカラーに染め上げることができます。また、他社経験のない社員が多数の中、会社固有の価値観や仕事の進め方が、成り行きでも醸成・共有されやすい職場環境にあります。阿吽の呼吸のようなスムーズなコミュニケーションも成立しやすいことでしょう。

ジョブ型雇用への移行後は、そういった状況が大きく変わります。社員の入社経緯が多種多様になり、自社が２社目、３社目という社員が増えていくでしょう。他社のカラーに既に染まっている人材を受け入れることが常態化するため、自社流を意図的に共有する努力を怠れば、徐々に自社らしさが失われてしまうことになります。また、日本型雇用とは異なり、全社員が同じイベントを経験していることを前提とした施策が通用しなくなることにも注意が必要です。このことは、自社流の共有だけでなく、階層別研修体系にも当てはまります。多くの社員が同じ研修を受講している前提では、研修そのものが機能しなくなります。

　ただし、自社流であれば何でも共有すればよいというわけではありません。特に、仕事の進め方については十分な検討が必要です。労働市場における自らの価値を社員が強く意識するジョブ型雇用において、自社でのみ通用するような仕事の進め方の習得は、社員にとって魅力的な経験とはいえません。また、他社から転職してくる人材にとっても、早期活躍への障壁になってしまいます。自社流については、それが競合他社に対する強みにつながっているかどうかを精査の上、そうでないものについては見直すことを検討すべきです。

[３] 人材マネジメントの運用が困難

　ジョブ型雇用に移行すると、人事部門がこれまで握っていた多くの人事権が各職場へと委譲されます。そのため、職場の管理職に高いマネジメント力が求められるようになることは、第１章で紹介したとおりです。管理職のマネジメントレベルが一定水準以上でなければ、ジョブ型雇用の人材マネジメントはうまく機能しません。

　人事権の委譲に当たって、現場の管理職が特に負荷を感じるのはジョブディスクリプションの作成でしょう。海外企業であれば管理職にとってジョブディスクリプション作成は必携スキルになりますが、日本企業ではジョブディスクリプションを見たこともないという管理職がほとん

どです。日本企業がジョブ型雇用に移行するには、ジョブディスクリプションの作成・運用方法をゼロから管理職に指導・教育する必要があります。

　その上で、職場における人材マネジメントで格段に難しくなるのが、社員の動機づけです。日本型雇用とは異なり、数年おきの昇格の可能性という「ニンジン」を社員の鼻先にぶら下げることができなくなるためです。優秀人材に対しては、内発的動機づけを駆使し、本人にとって魅力的な成長機会を意図的に付与する必要があります。

　また、人事権が各職場に委譲されるからといって、人事部門が楽になるわけではありません。むしろ、従来よりも専門性の高い戦略的人材マネジメントを展開する必要が出てきます。ミシガン大学のウルリッチ教授が提唱したCoE（Center of Excellence：人材開発、報酬などの特定の領域で、高い専門性を駆使して制度設計や企画立案を行う機能）やHRBP（HR Business Partner：人事領域の高い知見を踏まえてビジネス部門に対して戦略的なアドバイスを提供する機能）といった人事機能の考え方がその代表例です。従来の日本型雇用においては人事部門自体の専門性が低い場合も多く見られるため、ジョブ型雇用への移行には人事部門メンバーの専門性・戦略性向上が急務になるかもしれません。

2 ジョブ型雇用への移行の方向性

[1]ジョブ型雇用の各国比較

　上記ではジョブ型雇用の三つのデメリットを紹介しましたが、日本企業がジョブ型雇用へ移行するに当たって、これらのデメリットを全面的に受け入れなければならないわけではありません。ジョブ型雇用への移行方法に正解があるわけではなく、部分的な移行も可能だからです。[図表3－1]は先進4カ国の雇用慣行を簡易比較したものです。ジョブ型雇用の労働社会にある国々であっても、各国の労働法や労働慣習によっ

図表3－1 先進4カ国における雇用慣行の簡易比較

	アメリカ	ドイツ	フランス	オランダ
採用	キャリア採用中心（売り手市場を除く）	新卒採用も重視（トレーニー制度によって適性を見極め）	キャリア採用中心	キャリア採用中心（有期雇用からの本採用が一般的）
ジョブディスクリプション	概括的に明示	概括的に明示	概括的に明示。ただし、カードル（上級ホワイトカラー職）では廃止するケースも	概括的に明示
昇進・異動	本人との合意が必要	本人と事業所委員会の双方の事前同意が必要	本人との合意が必要（カードルでは異動も一般的）	本人との合意が必要（転勤は極めてまれ）
解雇	どんな理由でも解雇可能（随意雇用原則）	雇用維持努力なき解雇は認められない	雇用維持努力なき解雇は認められない	雇用維持努力なき解雇は認められない

資料出所：厚生労働省「『諸外国の働き方に関する実態調査』報告書」（2014年）に基づき、三菱UFJリサーチ＆コンサルティング作成

て運用が異なります。また、企業ごとにも異なっています。

　誤解を恐れずに言い切ってしまえば、全世界共通のスタンダードともいうべきジョブ型雇用の人材マネジメントなど、どこにも存在しないのです。そもそもジョブ型雇用という言葉自体が日本独自の人事用語であり、世界各国の企業は自分たちがジョブ型雇用を運用しているという自覚すらないでしょう。日本型雇用のメリットを残しつつ、いかにジョブ型雇用を組み入れていくかが、移行検討の重要なポイントになります。

　また、[**図表3－1**]の補足までに、「ジョブ型雇用では社員を容易に解雇できる」という印象をお持ちの方が多いのですが、それはアメリカの雇用慣行の特徴です。アメリカの労働法には随意雇用原則が織り込まれており、一定の条件を満たしていれば会社と社員双方が雇用契約を理由なくいつでも解約できます。しかし、これをもってジョブ型雇用の特徴と考えるのは、かなり乱暴な話と言わざるを得ません。

［2］ジョブ型雇用に対する経団連のスタンス

　ここで日本の産業界を代表し、経団連のジョブ型雇用に対するスタンスを確認しておきましょう。その参考にするのは「経営労働政策特別委員会報告」（通称、経労委報告）です。同報告は春季労使交渉（いわゆる春闘）における経営側の指針に当たるものであり、経団連が毎年1月に公表しています。

　筆者が把握している限り、同報告がジョブ型雇用に触れるようになったのは2019年版からであり、以下がその抜粋です。

> これまでの雇用システムと、ジョブ型の雇用システムを効果的に組み合わせていくなど、中長期的な観点に立って、その在り方を検討する時機にきているといえよう。

　ただし、この内容は同報告の"コラム"の中での紹介であり、重要度としては低い位置づけでした。それが2020年版では、扱いが明らかに変わったのです。第1章の「2. 転換期を迎えている日本型雇用システム」のメインメッセージに格上げになりました。その内容は以下のとおりです。

- 日本型雇用システムにはさまざまなメリットがある一方で、経営環境の変化などに伴い、課題も顕在化してきている
- 各企業においては、自社の経営戦略にとって最適な「メンバーシップ型」と「ジョブ型」の雇用区分の組み合わせを検討することが基本となる
- メンバーシップ型のメリットを活かしながら、適切な形でジョブ型を組み合わせた「自社型」雇用システムの確立が求められる

　経団連は、すべての日本企業にジョブ型雇用へと完全移行することまでは求めていません。自社の経営戦略実現に向けて、日本型（メンバーシップ型）雇用とジョブ型雇用の最適な組み合わせ方を検討すべきであ

ると提唱しているのです。

そして2021年度版の同報告では、第1章の多くがテレワークを中心とするウィズコロナ時代の働き方に関する内容に誌面が割かれる中、「5.『自社型』雇用システムの検討」でジョブ型雇用について、以下のとおり触れていました。

> 自社の事業戦略や企業風土に照らして、組織としての生産性を向上すべく、メンバーシップ型とジョブ型を最適に組み合わせた「自社型」雇用システムをつくり上げていくことが何よりも大切である

それぞれの企業にとって適切な形でジョブ型雇用を組み合わせた「自社型」雇用システムの確立を推奨する基本方針を、経団連は崩しておらず、日本企業はジョブ型雇用の各社なりの検討を進めることが期待されています。

[3]ジョブ型雇用への移行方法4タイプ

多くの日本企業に先駆けて、ジョブ型雇用への移行を既に実行に移している企業も何社かあります。それぞれの企業の経営戦略・人材戦略に基づく移行になっており、その方法もさまざまです。各社の状況を調査・分析した結果、組織目線に基づく「対象職種範囲の広さ」と社員目線に基づく「キャリア形成の自律度の高さ」という二つの軸から、①アドオンタイプ、②階層切り替えタイプ、③ポートフォリオタイプ、④全社転換タイプの4タイプの移行方法に大きく区分できることがわかりました[図表3-2]。そこで、ジョブ型雇用への移行の方向性として、これら四つのタイプの特徴を紹介していきます。

①アドオンタイプ

4タイプの左下の象限、対象職種範囲が狭く、キャリア形成の自律度も低いアドオンタイプは、人材マネジメントの土台として日本型雇用を維持しつつ、職種限定新卒採用など一部の採用活動に限定してジョブ型

雇用の要素を付加する方法です[図表3−3]。

　アドオンタイプのメリットは、これまでの人材マネジメントを前提に速やかな導入が可能なことにあります。その結果、一部の職種において

図表3−2　ジョブ型雇用への移行方法4タイプ

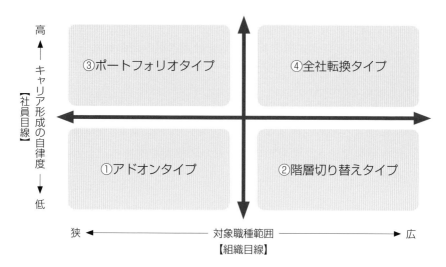

図表3−3　アドオンタイプのイメージ

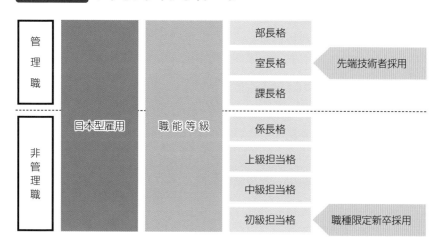

採用競争力は向上しますが、一方で、採用後の雇用条件は従来と変わらずにジョブローテーションの対象となるため、大きな効果は期待薄です。優秀な人材を確保できたとしても、キャリア形成の自律度の低さから、早期離職につながってしまうこともあるでしょう。また、日本型雇用によるさまざまな弊害が残り続けることになりますので、抜本的な課題解決にはなり得ません。しかし、現状に手をこまねいているよりは、取り組む価値は十分にあるでしょう。

②階層切り替えタイプ

　階層切り替えタイプは、4象限の右下、対象職種の範囲が広く、キャリア形成の自律度が低いタイプです。会社全体の一定階層以上、例えば管理職以上の全職種をジョブ型雇用とし、非管理職は日本型雇用のまま残すといったように階層で切り替える方法になります[図表3-4]。一

図表3-4 階層切り替えタイプのイメージ

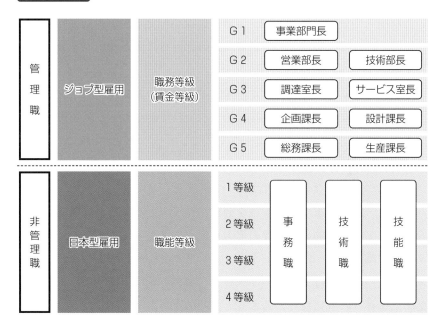

定階層以下では新卒一括採用やジョブローテーションといった従来の日本型雇用の特徴を維持できますので、人材マネジメントの仕組みを大きく変える必要がありません。③ポートフォリオタイプや④全社転換タイプよりは、制度移行が容易といえます。

　階層切り替えタイプの最大のメリットは、一定階層以上において職務価値に応じた処遇を実現することから生まれます。多くの日本企業において労務費増大化の主な原因になっているのは40代・50代の管理職層における報酬水準と職務価値の乖離（かいり）であり、この乖離の是正を図ることができるのです。

　また、若手社員の人材育成にはジョブローテーションが必須と考えている日本企業にとって、階層切り替えタイプは魅力的な移行方法になります。ジョブ型雇用へと切り替わる階層に上がるまでは、従来のような頻繁なジョブローテーションの運用が維持できるからです。

　加えて、グローバル人材マネジメントを一定階層以上に共通して適用できることも大きなメリットになるでしょう。国籍や出身会社を問わない人材開発や登用をグローバル最適の観点から効率的かつ効果的に進めていくためには、職務という世界共通の物差しによる仕組みを構築・運用する必要があります。

　一方、デメリットもあります。一定階層以下の人材マネジメントには大きな変化がなく、若手の先端技術人材や自律的なキャリアを志向する優秀人材の採用は今後困難になっていくでしょう。現時点で既にそういった人材の採用に課題があるのであれば、階層切り替えタイプへの移行では解決につながらない可能性が高いと考えるべきです。

　また、一定階層までの人事権を会社が握っているため、社員に自律的なキャリア形成に向けた日々の努力を促すことも困難です。そして、新卒入社以降の10年・20年はゼネラリストとして育成しておきながら、管理職に登用した後はスペシャリストとしての専門性発揮を求めるといった矛盾を伴う状況になりかねません。そのため、一定階層以下の社員に

ついても、管理職登用時のジョブ型雇用への切り替えを想定したキャリア開発の取り組みが必要となります。

　大手製造業では、この階層切り替えタイプを選択している企業が多いようです。しかし、若手人材の採用に難があるなど、すべての日本企業にお勧めできるわけではありません。

③ポートフォリオタイプ

　ポートフォリオタイプは、4象限の左上、対象職種の範囲が狭く、キャリア形成の自律度が高いタイプです。ジョブ型雇用の適用対象を階層でひとくくりにするのではなく、部門や職種など、ポジションの特性に応じて決定する方法になります[図表3－5]。

　ポートフォリオタイプの特徴は、中長期の経営方針と人材マネジメン

図表3－5　ポートフォリオタイプのイメージ

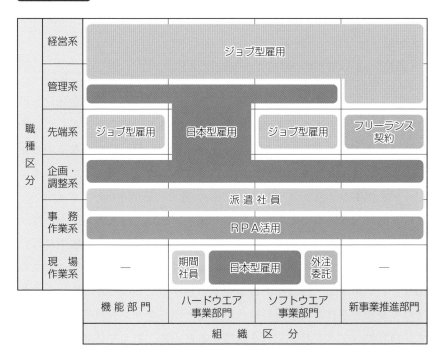

トが密接につながっていることにあります。企業の経営戦略・事業計画に基づいて、それらを実現するためのジョブポートフォリオを設計し、ポートフォリオの区分ごとに、最適な労働力確保方法を適用するという考え方です。例えば、経営系職種や先端系職種の多くはジョブ型雇用とし、一方で、ハードウエア事業は積み上げ型のノウハウが求められるので日本型雇用、現場作業系も日本のモノづくりの力を守るために日本型雇用を堅持する等、経営戦略・事業計画と密接に連動したきめ細かな人材マネジメントを行います。また、ジョブポートフォリオの設計に当たっては、以下のような区分要素が想定されますが、区分を決めるには、自社の経営に関する深い理解が必要となります。

- 組織区分（部署など）
- 事業区分（事業の新旧・発展段階など）
- 地域区分（国・地方・市場エリアなど）
- マネジメント区分（役職・職位など）
- 職種区分（経理・営業・設計・生産など）
- 職務区分（専門性・新規性・創造性など）

　ポートフォリオタイプのメリットとしては、特定の部門・職種における採用競争力の大幅な向上が挙げられます。外部労働市場に対して魅力的な処遇を提示することで、高度な先端人材を確保しやすくなるでしょう。わざわざ新会社や別組織をつくる必要もありません。また、当初はジョブ型雇用の対象部門・職種を限定し、徐々に範囲を広げていくといった段階的移行を図ることも可能になります。そして最大のメリットは、やや逆説的ではありますが、すべての部門・職種をジョブ型雇用に移行しなくてもよいことにあります。B to B企業における製品やサービスの擦り合わせ型企画・設計や、日本企業の強みである高品質・高効率なモノづくりなど、日本型雇用のほうが適したポジションも数多く存在します。自社のコアコンピタンスを維持するために、あえてジョブ型雇用に

移行しないという判断をポートフォリオの区分ごとに選択できることは、日本企業にとって大きな意味があるでしょう。

　ただし、当然ながらデメリットもあります。人材マネジメントの運用が複雑化してしまうのです。人事部門には従来よりも高い専門性・戦略的思考・リーダーシップの発揮が求められることから、人事部門メンバーのレベルアップが必須となります。

④全社転換タイプ

　全社転換タイプは、4象限の右上に位置づけられます。考え方は非常にシンプルで、ジョブ型雇用を全社に適用する移行方法です[図表3－6]。

　全社転換タイプのメリット・デメリットは、ジョブ型雇用の良さ・悪

図表3－6　**全社転換タイプのイメージ**

すべての階層	ジョブ型雇用	職務等級 (賃金等級)		
			G1	事業部門長
			G2	営業・マーケティング本部長
			G3	技術部長
			G4	人事部長
			G5	新製品開発チーフエンジニア
			G6	DXプロジェクトリーダー
			G7	営業マネージャー
			G8	AI技術者
			G9	データアナリスト
			G10	マーケティングスタッフ
			G11	人事・総務担当
			G12	出納担当

さをすべて受け入れることとイコールになります。また、従来の日本型雇用から全社転換タイプへと一気に移行する場合には、両者のギャップが極めて大きいために検討・導入に多大な時間を要し、導入時に一時的な混乱・副作用が生じる可能性も高いでしょう。

　なお、現在の日本社会においては、新卒採用を実施する企業が全社転換タイプを選択することは厳密には困難です。新卒採用時点からジョブ型雇用を適用するには、求職者である学生が大学在学中から専門的な職業教育・訓練を受けていることが前提となるからです。また、企業内での長期間のインターンシップも必要となるでしょう。日本の学校教育制度はジョブ型雇用に対応していないため、それらの前提が成立しないのです。

　第3章では、ジョブ型雇用への移行の方向性について紹介しました。読者の皆さんが属する企業においては、どの移行タイプが適切に感じられたでしょうか。ただし、繰り返しになりますが、ジョブ型雇用への移行を安易にお勧めすることはできません。自社の人材マネジメントの現状と課題を棚卸しした上で、経営方針・事業戦略等に基づき、ジョブ型雇用をどう組み入れていくのか、しっかりと検討すべきです。

　そこで、第4章では、日本企業においてジョブ型雇用を検討する際、多くの方が抱く代表的な疑問や懸念に回答していきたいと思います。

第4章

ジョブ型雇用に関する代表的な疑問・懸念

　第3章の冒頭で紹介しましたとおり、ジョブ型雇用にもさまざまなデメリットがあります。ジョブ型雇用に移行しさえすればバラ色の人材マネジメントを実現できるという単純な話では決してありません。そのため、日本企業がジョブ型雇用について検討する際、そのプロジェクトに携わるメンバーはさまざまな疑問や懸念に早々に直面することになります。数々のデメリットにメンバーが過剰反応すると、場合によってはプロジェクトそのものが頓挫してしまう可能性もあるでしょう。そこで、常日頃、筆者らがクライアント企業の人事部門の担当者から尋ねられることの多い疑問や懸念を取り上げ、丁寧に回答していくことで本書の第1部を締めくくります。

1　ジョブディスクリプションに記載のない職務に社員が対応しなくなる?

　ジョブ型雇用ではジョブディスクリプションによって各ポジションの職務内容が示されます。そのため、「ジョブディスクリプションに記載のない想定外の事態への対応や、記載範囲を超えたチームワークが機能しなくなるのでは」といった心配の声を耳にすることが多くあります。しかしそれは杞憂であり、ジョブディスクリプションの作成方法や運用の工夫次第で回避可能です。仮にそういった事態が本当に発生してしまうとしたら、ジョブ型雇用の国々の企業に対し、日本企業がグローバル競争において、ここまで劣後することはなかったでしょう。

　実際、海外企業における昨今のジョブディスクリプションの内容は、より包括的な記載へと変化してきています。経営環境変化のスピードが

以前に比べて速くなり、臨機応変な事業転換・職務遂行が求められているのは海外企業も同じです。そのため、ジョブディスクリプションにおいて職務内容を細かくタスクごとに詳述することはせず、期待成果や主な役割を高次に普遍化して記載し、解釈の余地を残すことが一般的です。1ポジション当たりのジョブディスクリプションの分量としては、紙資料にしてＡ４判で１〜２ページに収まることが通常です[**図表４−１**]。

　非常に重要なことなので繰り返しますが、ジョブディスクリプションは当該ポジションの職務内容を詳述した書類ではありません。ジョブディスクリプションにおいて職務内容を詳述してしまうと、以下のような事業運営上のリスクを招いてしまう可能性があるため、注意が必要です。

- 詳細な職務内容の明示が、逆に「それら以外は担う必要がない」という社員の誤解につながる
- 職務内容を詳述しても、VUCAの環境下ではすぐに内容が陳腐化してしまう
- 人事部門と各職場において、ジョブディスクリプションの作成・更新に多大な工数を要する

2　ジョブディスクリプションの整備に大変な手間がかかる？

　前記 **1** の疑問に関連して、ジョブディスクリプションの整備に膨大な時間がかかることを懸念する声もよく聞きます。しかし、投入工数の量は、どういった単位でジョブディスクリプションを整備するかに応じて大きくもなれば小さくもなるので、一概に回答することはできません。ジョブディスクリプションの整備単位には、[**図表４−２**]のとおり、大きく分けて、①ポジション別、②職種別、③職種群別の三つの考え方があります。

図表4－1　ジョブディスクリプションの例（人材育成課長）

職務記述書

ポジション名	人事部 人材育成課長	ポジションコード	A 030501
ジョブスコア	480点	職務等級	JG 8
上司ポジション	人事部長	上司ポジションコード	A 030101
部下ポジション	人材育成上級専門職 人材育成専門職 人事事務職	部下ポジションコード	A 030502 A 030503 A 030104

最新改訂日	2022年4月1日	作成者	○○ ○○	承認者	●● ●●

主な職責

- CEOを議長とする人材開発会議の年間計画を策定し、運営する
- 人材開発会議の決議に基づき、人材育成施策を企画・展開する
- 研修ニーズ分析、研修企画、研修業者選定・管理、受講者管理、研修ロジスティクス管理、研修効果分析、研修改廃など、社内研修に関する一連の業務を統括する
- 事業上の課題を人材育成の観点から提言し、解決に向けて組織的に取り組む
- 人材育成に関する世の中の最新メソッド・事例を組織的に研究・把握し、自社の施策に取り入れる
- 経営層からの要請に基づき、人材育成・組織活性化に関する個別対応を迅速に行う

KPI（重要指標）

- 研修予算
- 研修アンケート結果
- 従業員意識調査結果

社内外関係者

社内	会社組織におけるすべての階層の社員と密にやりとりする
社外	人事・人材育成コンサルタント、研修提供業者・教育機関

職務遂行に必要な専門性・スキル

- 人材育成に関する高度な専門知識（理論知と実践知）
- 人事施策・制度に関する上級専門職レベルの知識
- 自社および一般的な事業戦略に関する知識と理解
- 強力なネットワーク構築力と他者影響力、高度なコミュニケーションスキルと高品質なサービスを追求する姿勢
- マネジメント・リーダーシップ・チームビルディング・交渉・ファシリテーションのスキル

求められる経験（目安）

- 3年以上の人材育成専門職の経験
- 人事機能における6年以上の職務経験

図表4-2 ジョブディスクリプション(JD)の整備単位

	①ポジション別	②職種別	③職種群別
考え方	すべてのポジション一つひとつについてJDを整備	職種ごとにJDを整備 例えば人事の場合、「人事企画」「報酬企画」「労務」「採用」「人材育成」の5種類を作成する	似通った職種の職種群(ジョブファミリー)ごとにJDを整備 例えば人事の場合、1種類作成する
JD数	全ポジション数 ex. 4000	職種×役職・等級数 ex. 50×8＝400	職種群×役職・等級数 ex. 10×8＝80
特徴	◀━━━━ 具体的　　　　内容　　　　抽象的 ━━━━▶ ◀━━━━ 大　　　　工数　　　　小 ━━━━▶		

[1]ポジション別

　ポジション別が最も厳格な整備単位になります。社内にあるすべての
ポジションについてジョブディスクリプションを作成します。したがっ
て、全社で4000のポジションがある企業の場合、4000種類のジョブディ
スクリプションをつくることになります。個々のポジションの職務に応
じてジョブディスクリプションの記載内容がかなり具体的になる一方で、
必然的に整備・運用工数も大きくなります。

[2]職種別

　職種別の場合、ポジションごとではなく、職種ごとにまとめてジョブ
ディスクリプションを作成します。例えば、人事に関する職務では「人
事企画」「報酬企画」「労務」「採用」「人材育成」などの職種に区分して
整備するといった具合です。全社のジョブディスクリプションの総数は、
職種と役職・等級数の掛け算でおおむね計算でき、仮に職種50種類、役
職・等級8段階とすると、単純計算で約400になります。大企業において
は、[1]のポジション別に比べて整備数がかなり少なくなるでしょう。

[3]職種群別

職種群別は、[2]の職種別をさらに簡略化し、同系統の職種を職種群としてくくってしまう方法です。これを「ジョブファミリー別」と呼ぶ場合もあります。例えば、人事という職種群（あるいはジョブファミリー）であれば、労務でも採用でも人材育成でも1種類のジョブディスクリプションになります。[3]職種群別のジョブディスクリプションの総数は、仮に職種群10種類、役職・等級8段階とすると、約80になります。整備・運用工数は[1]ポジション別、[2]職種別に比べて非常に小さくなりますが、そのままでは抽象的過ぎて機能しません。そのため、毎年の目標管理の仕組みなどで多くの内容を補完する必要があります。

これら三つの整備単位は、どの方法が正しいというわけではありません。企業それぞれの経営方針・戦略およびその実現のために必要な人材マネジメントに応じ、各社の経営判断として妥当な整備単位を選択することになります。

3　ジョブ型雇用では部下育成がおろそかになりがち？

人材育成について、「われわれ日本企業の強みは現場でのOJTにあり、中長期的に人を育てる組織風土が醸成されている。ジョブ型雇用ではそういった良い風土が失われてしまうのでは？」あるいは「ジョブ型雇用においては部下が育つと上司のポジションが脅かされることになる。そのため、OJTが軽視されやすい」といった意見または信念を持つ方が日本企業には多いように見受けられます。しかし、本当にそうでしょうか。[図表4-3]は経済協力開発機構（OECD）の加盟国におけるOJTの実施率を男女別に調査した結果です。残念ながら、日本は男女いずれもOECDの平均より低い状況にあります。もちろんOJTとは何なのか、その捉え方次第で回答が変わってくる類いの調査であり、こういった調査

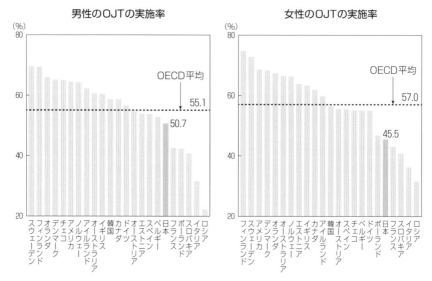

図表4-3 OJT実施率の国際比較

男性のOJTの実施率

(%)
OECD平均
55.1
50.7

スウェーデン／フィンランド／オランダ／デンマーク／チェコ／アメリカ／ノルウェー／アイルランド／オーストラリア／イギリス／韓国／カナダ／オーストリア／エストニア／スペイン／ベルギー／日本／フランス／ポーランド／スロバキア／イタリア／ロシア

女性のOJTの実施率

(%)
OECD平均
57.0
45.5

フィンランド／スウェーデン／アメリカ／デンマーク／オランダ／オーストラリア／ノルウェー／エストニア／イギリス／カナダ／アイルランド／オーストリア／韓国／スペイン／チェコ／ベルギー／ドイツ／ポーランド／日本／フランス／スロバキア／イタリア／ロシア

資料出所：厚生労働省「平成30年版 労働経済の分析」（[図表4-4][図表4-5]も同じ）

への回答に対する国民性の違いも影響しているでしょう。しかし少なくとも、ジョブ型雇用の国々でOJTが軽んじられているとはいえないことを示す結果といえます。

　ただし、人材育成の前提が、日本型雇用とジョブ型雇用では大きく異なることには注意が必要です。あるポジションに対し、その職務要件を満たす人材が登用または採用されるジョブ型雇用では、日本型雇用のように初心者を手取り足取り育てるような人材育成にはなりません。日々の職務を通じたOJTに加え、職務品質や生産性をより高めていくための高度な研修を重視します。また、研修の機会そのものが、社員の動機づけ施策として見なされる傾向にあります。[図表4-4]は企業における能力開発費（研修等の費用）が国内総生産（GDP）に占める割合について、欧米先進国5カ国と日本を比較したグラフです。日本はジョブ型雇用の国々に対して大きく下回っていることが一目瞭然です。しかも、一

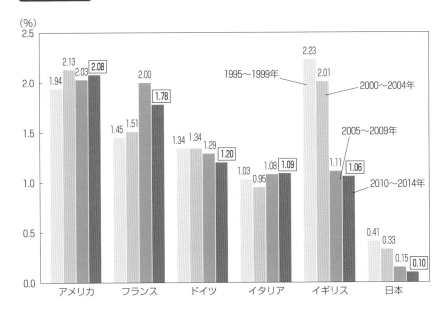

一般的な日本企業では新入社員導入研修に研修予算の多くが投下される傾向にあることを併せて考えると、危機感すら覚えます。ジョブ型雇用を自社の人材マネジメントに組み入れる際には、人材育成体系についても大きな見直しを検討するべきでしょう。

　加えて、低業績人材への対応スタンスも、日本型雇用とジョブ型雇用では大きく異なることに留意すべきです。日本型雇用においては、新卒一括採用とジョブローテーションの仕組みにより、ある部署に低業績人材がいたとしても、その採用・育成責任の所在は曖昧になってしまいます。また、数年我慢すれば上司か部下のどちらかが次のポジションに異動となることが多く、低業績の部下の育成に神経をすり減らす覚悟を上司に持たせるインセンティブが機能しづらい状況にあります。しかし、ジョブ型雇用ではそうはいかなくなります。日本型雇用とは違い、部下の採用・育成責任がすべて上司に課せられるからです。上司も部下も異

動になることがほとんどないため、低業績人材の活性化は、上司が真剣かつ優先的に取り組むべき課題として位置づけられます。人材育成はジョブ型雇用における管理職の必須かつ重要責務であり、それが果たせないのであれば、管理職として適格であるとはいえません。

❹ ジョブローテーションで社員を育てられなくなる？

　ジョブ型雇用において、社員の同意なきジョブローテーションは原則として発生しません。一方で、日本型雇用では「ジョブローテーションこそが人材育成の主要な手段である」と考える企業が数多く存在します。そのため、ジョブローテーションを活用した人材育成を図れなくなってしまうことが、ジョブ型雇用を検討する際のボトルネックとして見なされがちです。

　確かに、社員を社内のさまざまな部署の職務に精通した「ゼネラリスト」に育成したいのであれば、ジョブローテーションは必須でしょう。社員の多くをゼネラリストに育て上げたい企業は、ジョブ型雇用に移行すべきではないと断言できます。しかし、人材育成そのものは、ジョブローテーションを実施しなくとも可能であることには留意すべきです。ストレッチアサインメント（現時点での力量を超えるような仕事を与えることで部下の急速な成長を促す手法）やクロスファンクショナルチーム（課題解決に向けて部署や役職にとらわれず、場合によっては社外からも必要な人材を集めて構成するチーム）などの施策によって、ジョブローテーションと同じような成長の場を演出することができるのです。実際、ジョブ型雇用の国々でも、こういった施策を優秀人材に限定して適用するのが一般的です。

　したがって、ジョブ型雇用を検討する際の重要なポイントの一つは、「社員をゼネラリストにしたいのか、スペシャリストにしたいのか」という、企業が社員に求める人材像にあるといえます。そこで[図表4－5]

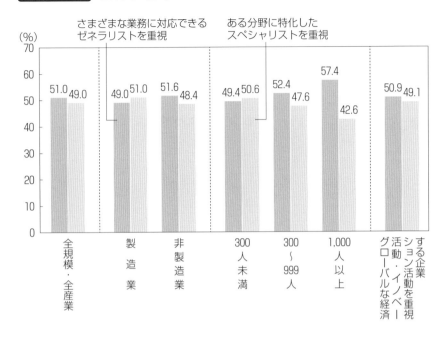

図表4－5 従業員の能力に対する日本企業の考え方

さまざまな業務に対応できる
ゼネラリストを重視

ある分野に特化した
スペシャリストを重視

(%)

項目	ゼネラリスト	スペシャリスト
全規模・全産業	51.0	49.0
製造業	49.0	51.0
非製造業	51.6	48.4
300人未満	49.4	50.6
300～999人	52.4	47.6
1,000人以上	57.4	42.6
する企業 活動・イノベーション活動を重視グローバルな経済	50.9	49.1

をご覧ください。

　[図表4－5]は、日本企業がゼネラリストとスペシャリストのどちらの社員を重視しているか、二者択一の質問への回答を集計したものです。おおむね等分の結果になっており、従業員数が増えるにつれてゼネラリスト重視の企業が増える傾向にあります。そのため、このグラフの結果だけに基づけば、日本企業の約半分はスペシャリストを重視するジョブ型雇用への移行を検討すべきであり、残りの半分は日本型雇用を維持すべきということになるかもしれません。

　しかし、本当にこれからもゼネラリスト重視の人材育成でよいのでしょうか。[図表4－6]は、日本企業の労働者2万人以上に対し、自信のある能力・スキルの有無と内容を調査した結果です。自信のある能力・スキルを持つ正社員の比率が約86％もあることは喜ばしいのですが、その

図表 4 − 6　自信のある能力・スキル（正社員）

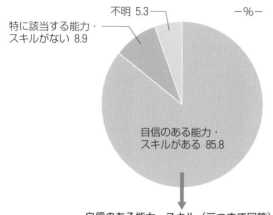

自信のある能力・スキルを持つ正社員の割合

−%−

不明 5.3

特に該当する能力・
スキルがない 8.9

自信のある能力・
スキルがある 85.8

自信のある能力・スキル（三つまで回答）

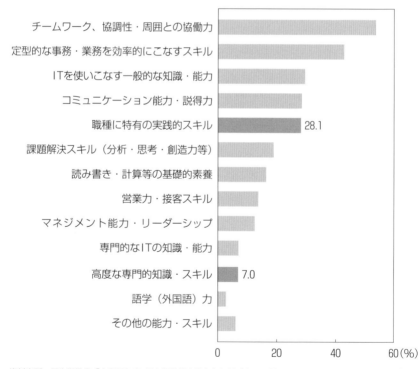

チームワーク、協調性・周囲との協働力	
定型的な事務・業務を効率的にこなすスキル	
ITを使いこなす一般的な知識・能力	
コミュニケーション能力・説得力	
職種に特有の実践的スキル	28.1
課題解決スキル（分析・思考・創造力等）	
読み書き・計算等の基礎的素養	
営業力・接客スキル	
マネジメント能力・リーダーシップ	
専門的なITの知識・能力	
高度な専門的知識・スキル	7.0
語学（外国語）力	
その他の能力・スキル	

0　　　　20　　　　40　　　　60(%)

資料出所：厚生労働省「令和元年度 能力開発基本調査」に基づき、三菱UFJリサーチ＆コンサルティング作成

内訳にはチームワークや定型業務の効率性、コミュニケーションなど一般的な能力・スキルが並んでいる状況です。「職種に特有の実践的スキル」に自信を持つ正社員は28.1%にすぎず、「高度な専門的知識・スキル」に至っては7.0%しかいません。ゼネラリスト重視の人材マネジメントで自社は今後ますます激しくなる事業競争の中で勝ち残ることができるのか、ジョブ型雇用の検討を機に改めて考え直すことをお勧めします。

5 職務内容が少し変わるだけで基本報酬を変更しなければならない?

　ジョブ型雇用における基本報酬の原則はPay for Jobであり、あるポジションの職務価値が職務内容変更によって増減すれば、それに伴って基本報酬の水準も見直されることになります。しかし、これはあくまで原則論であり、職務価値と報酬水準をどこまで厳格に連動させるかによって、運用方法が変わってきます。

　最も厳格な連動は、職務評価によって点数化した職務価値を報酬水準に直接反映させる方法です。しかし、この方法では表題にある疑問のとおり、職務内容が少し変わるだけで報酬水準の見直しが必要になります。経営を取り巻く環境変化をある程度想定できた時代ならまだしも、予測不能な環境変化に対してアダプティブ（適応的）かつアジャイル（迅速）に応じる必要のある現代においては、多くのポジションで職務内容の変更が頻繁に生じ得ます。そのため、運用の煩雑性を理由に、ホワイトカラー職種に対して、この方法を選択する企業は少数派です。

　そこで、Pay for Jobの原則と実際の運用の効率性をバランスさせる方法が、バンディングあるいはブロードバンディングになります。「バンディング」とは英語で「帯」を意味する「band」に「ing」を付けた言葉であり、職務価値の点数をある程度の幅で帯にまとめることを指します。また、ブロードバンディングの「ブロード」は「broad」であり、「幅広

い」という意味です。つまり、ブロードバンディングは通常のバンディングよりも帯をさらに幅広くまとめる方法です[図表4-7]。

この方法では、バンディングの帯（[図表4-7]の場合、Job Grade）をまたぐような職務価値の変化があって初めて、そのポジションの職務等級と報酬水準を見直します。少しの職務変更で処遇を変える必要はなく、経営環境変化に合わせた柔軟な運用が可能となります。ただし、幅広くまとめればまとめるほど労務費の増大化を招くリスクもありますので、バンドの幅をどの程度に設定するか、慎重な検討が必要です。

また、サクセッションプランに基づく中長期的な人材開発施策として、将来の幹部候補人材をあえて別の部署に異動させることもあるでしょう。その場合、異動先ポジションの職務価値が異動前よりも低くなってしま

図表4-7 職務評価点に基づくバンディングのイメージ

うようであれば、Pay for Jobの原則によって基本報酬を減額することになります。しかし、それでは本人のモチベーションも低下してしまい、退職リスクが高まりかねません。そのため、サクセッションプランの一環による意図的な異動であれば、職務価値が低くなっても基本報酬は下げずに現状維持とする特別措置を適用することも検討すべきです。

6 転勤必須の職種はジョブ型雇用の対象にできない？

　営業職種を中心に、多くの社員を数年に一度転勤させる前提の人材マネジメントを行っている日本企業が少なくありません。そのため、経営者や人事部門トップがジョブ型雇用を単に「職務内容・勤務時間・勤務地等を限定した雇用形態」とだけ理解していると、「転勤必須のわが社ではジョブ型雇用は無理」と最初から匙を投げられてしまうこともあり得ます。しかしながら、ジョブ型雇用は法律で定められた厳格に遵守すべき"ルール"ではありません。各企業の経営方針・戦略に応じて柔軟に組み入れるべき"考え方"です。したがって、転勤が必須な職種のポジションについては、そのジョブディスクリプションに「数年おきの勤務地変更があり得る」と記載しておけば、ジョブ型雇用の考え方と転勤を両立させることも可能となります。

　ただし、今後の若手人材の採用競争力という観点から考えると、ジョブ型雇用の検討以前に、転勤という労働慣行そのものを改めて見直すべきでしょう。女性の社会的活躍が当たり前の現代においては、転勤を自らのライフプランに大きな悪影響を与える働き方と捉える社員も数多くいるため、転勤の可能性自体が優秀人材の離職理由にもなり得ます。日本の大手企業が転勤や単身赴任の廃止を公表する事例も出てきていますが、自社における働き方の見直しの一環としてだけではなく、日本全体で少子化が進展する中での採用競争力向上を見据えた戦略的取り組みであると考えられます。

7 ジョブ型雇用の検討を社内プロジェクトとして進める際、どのようなことに留意すべきか？

　ある日本企業においてジョブ型雇用の検討に着手する場合、人事部門のメンバーを中心とするプロジェクトチームを組成することが多いでしょう。その際、プロジェクト発足時にメンバー全員参加による勉強会を開催し、ジョブ型雇用に関する共通理解を形成しておくことを強くお勧めします。さもなければ、プロジェクトメンバーそれぞれのジョブ型雇用に対する理解がバラバラなままで議論が進んでしまい、検討の方向性がなかなか定まらないでしょう。また、特にリスクが高いのが、上位役職者がジョブ型雇用を正しく理解していないケースです。その上位役職者の「声の大きさ」によって方向性が決まってしまい、当初の狙いとはかけ離れた検討結果になってしまうかもしれません。

　さらに、プロジェクトが無事に発足した後も、各種施策・制度の検討を進める中での「手段の目的化」に注意が必要です。特にジョブディスクリプションの整備においてその傾向が顕著です。本来、ジョブディスクリプションもあるべき人材マネジメント実現の手段の一つにすぎないのですが、いつの間にか目的と手段がすり替わってしまい、ジョブディスクリプションを整備することがプロジェクトの目的になってしまいがちです。具体的には、ジョブディスクリプションによって各ポジションの詳細な職務内容を明文化しようとし始めたら、黄色信号です。経営環境変化の動きと乖離した細か過ぎるジョブディスクリプションは、手段の目的化の典型例です。あるべき人材マネジメントに対して必要以上の工数が人事部門および各職場で生じることになり、せっかくジョブディスクリプションを整備しても、すぐに陳腐化・形骸化してしまうことでしょう。

　その一方で、現状の人材マネジメントからの移行を重視し過ぎても、経営方針・戦略に対して実効性の低い結果になってしまいます。まずは

自社のあるべき人材マネジメントを方針化し、方針実現に向けた課題を明確にした上で、課題解決のための中長期のロードマップを描くことをお勧めします。このロードマップに基づいて個々の施策・制度の検討を進め、常にロードマップと人材マネジメント方針に立ち戻るようにすることが、ジョブ型雇用検討の成功の秘訣です。

＊　　＊　　＊

　戦後昭和時代の高度成長期およびその後に続いた安定成長期における日本企業を支えた一つの要素が、日本型雇用であることは間違いありません。しかし、バブル経済崩壊以降の大きな経営環境変化によって日本型雇用のメリットは色あせ、デメリットによる悪影響のほうが強くなってしまったことも事実です。従来の延長線上での人材マネジメントを続けていては、事業存続そのものが危うくなる企業も出てくるでしょう。

　多くの日本企業の人事部門が解決すべきは、日本型雇用からジョブ型雇用に移行するか否かという単純な二者択一の問題ではありません。ジョブ型雇用の考え方をどのように取り入れ、経営方針・戦略に適した自社型の人材マネジメントをどう実現するのか、さまざまな情報・データと衆知を集めて分析し、考え抜いた上で意思決定をしなくてはなりません。

　本書の第1部では、ジョブ型雇用の検討に当たって最低限必要な基礎知識について紹介しました。続く第2部以降では、ジョブ型雇用の考え方をどのように自社の人材マネジメントに取り入れていけばよいのか、より具体的な内容に踏み込んで解説していきます。

第2部

導入編①
基幹人事制度の設計・導入

職務評価

　第 1 部では、ジョブ型雇用の特徴や企業がジョブ型の人材マネジメントを推進する上での要点を見てきました。第 2 部（第 5 〜 9 章）は「導入編①　基幹人事制度の設計・導入」として、職務等級人事制度を設計・導入する際のポイントを解説します。このパートでは、社内プロジェクト等で職務等級人事制度をこれから導入する予定の人事部門の方々を中心読者層として想定し、技術的・実務的な面も含めて詳説しています。経営が掲げる指針に対し、人事部門として検討すべき企画・運用上の主要論点について、制度の機能分類ごとに紹介します。

　第 5 章は職務評価がテーマです。[図表 5 － 1]の構造で示すとおり、職務等級人事制度を設計・導入する上では、職務評価の実施が必須になります。職務評価でポジションごとの価値の大きさを把握しないままに、「椅子の値段」で社員を処遇することはできません。本章では、職務評価の具体的な進め方について詳述していきます。

1　職務評価とは

　職務評価とは、組織における各ポジションの価値を一定の尺度で判定し、社内での相対差を明らかにすることです。「職務調査」と表現する場合もありますが、本書では「職務評価」を採用します。これから職務等級人事制度を導入する企業では、職務評価の結果を基にして職務等級や職務給を設計します。

[1]職務評価の位置づけ

　職務評価は、ポジションを起点とした人事制度を設計・運用する際の

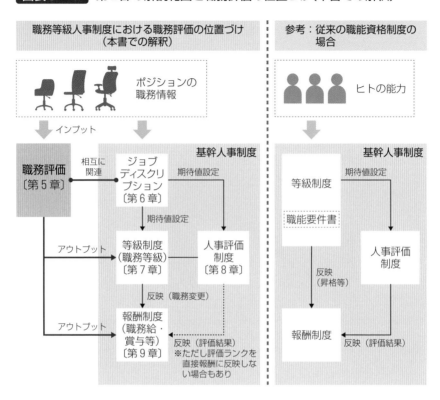

図表5-1 第2部の解説範囲と職務評価の位置づけ（本書での解釈）

出発点になります。[図表5-1]で示すとおり、ポジションごとの職務情報をインプットに職務評価を実施し、その結果をアウトプットとして等級制度・報酬制度の設計や導入後の人事運用に活用します。

　ジョブディスクリプションを含めた基幹人事制度との概念整理については諸説ありますが、本書では[図表5-1]の構造を基本に解説していきます。今日では、もはやこの図表のように等級制度／人事評価制度／報酬制度というトラディショナルな機能分類で説明しようとすると、ジョブ型雇用における基幹人事制度の概念を表現し難い、という考え方もあります。しかしながら、筆者らは従来のメンバーシップ型の人事制度か

らの移行を検討しやすいように、引き続きこの機能分類を活用していきます。

　職務評価とジョブディスクリプションは相互に関連します。職務等級人事制度の初回設計時は、職務評価の結果がジョブディスクリプション整備の基礎情報となります。一方で制度導入後に関しては、ジョブディスクリプションそのものをインプットに職務評価を実施する運用に移っていきます。

　このように、職務評価なくしては制度全体が機能しないことから、職務評価は職務等級人事制度の心臓部といってもよいでしょう。なお、[図表5−1]では職務評価と基幹人事制度との関係性に絞った位置づけを説明しましたが、それ以外にも、人材育成等の施策検討の基礎情報として職務評価を活用できます。

［2］職務評価の前提

　職務評価の進め方はさまざまですが、制度導入時は人事部門等が中心となり職務内容の確認・精査やヒアリングを実施します。その上で、社内のポジション一つずつに対して職務価値のレベルを判定していきます。職務評価では、職位の名称にかかわらず職責の大きさやポジション遂行の難易度で格付けがされます。例えば、自社内において同じ「部長」の職位であっても、「営業部長」と「研究開発部長」と「総務部長」とで社内の格付けが異なる場合があり得ます。

　ところで、職務評価は、現職者の能力・働きぶりを判断するために実施するわけではありません。現職者が就いているポジション自体の職務内容を評価することが目的になります。そのため、評価の担い手となる経営層や人事部門は、現職者の力量やパフォーマンスに対する評価を排除してポジションの価値を判断する必要があります[図表5−2]。営業部長を担っている「Aさん」の個人としての職務遂行能力や実績を評価するのではなく、自社の「営業部長」としての職責そのものを評価する

図表5－2 職務評価の前提となる考え方

| ポジションの本来の職務内容を評価する | 現職者の能力・働きぶりは評価しない |

ということです。

　そうはいっても、制度導入のために初めて職務評価を行う企業では、「ポジションの評価をするべきだ」と頭では理解していても、認知のバイアス（思い込みや先入観）がかかり、うまく判定ができないケースが多く見られます。具体的に現職者Ａさん・Ｂさんの顔を思い出しながら職務評価に取り組もうとすると、「椅子の値段を評価する」ことが想像以上に難しく、どうしても「ヒトを評価する」ことと混同しがちになります。そのため、後述する職務調査票等を活用して客観的に評価をすることが有効です。それでも、現職者がハイ・パフォーマー（またはロー・パフォーマー）の場合には、現職者の働きぶりにポジションの評価が影響されやすいため、注意が必要になります。

[3]職務評価の実施の前に検討すべき点

　社内で職務評価を実施する際は、まず評価対象となるポジションの範囲を決定する必要があります。原則論としては、職務等級人事制度を導入する階層・対象範囲にかかわらず、社内の全ポジション（社長・役員から担当者まで）の職務価値を判定することが理想的です。例えば、職務等級の導入対象は管理職のみの予定だとしても、すべてのポジション

を職務評価の尺度に当てはめることによって、自社における管理職の職務価値を鳥瞰的に把握することが可能になるためです。

　一方で、効率的な導入を考える際に、職務等級人事制度を導入する階層・対象範囲に限定して職務評価を実施する場合が多くあります。また、職務評価のヒアリングを実施する場合は、対象ポジションの関係者（直属上司等）に協力を得る必要があるので、検討の初期段階では、さらに対象範囲となる部署を限定して試行的に実施する企業もあります。

　上記と関連しますが、自社内で職務評価を実施する際は、どのような体制で、どのような期間で実施すべきか、投入リソースやスケジュールを検討することが必須になります。評価自体は人事部門だけで実施するケースもありますが、人事部門がポジションの職務価値を判断するには、事業部門の協力を得なければ細かい情報が得られません。そのため、人事部門と事業部門で職務評価遂行に当たっての分業方法について、あらかじめ整理しておく必要があります。

　また、自社で初めて職務評価を実施する場合は、社内のメンバーだけで詳細に進め方を整理することが困難です。それゆえに、プロジェクトの推進役・助言役としてコンサルティングファームを活用するケースが多くを占めます。ただし、その場合も外部コンサルタントに調査を全面的に依存してしまっては、ノウハウが残らず後々のメンテナンスに苦労しますので、自社と外部コンサルタントとで役割分担をして共同で実施することが有効です。

2 職務評価手法

　職務評価の進め方は一つだけではありません。一般化されている手法としては4種類あり、制度の導入目的や投入可能なリソースによって、自社に最適な手法を選択することになります。本節ではそれぞれの手法の特徴について簡略に解説します。その中で最も客観性の高い手法であ

る要素別点数法について、三菱UFJリサーチ&コンサルティング（以下、MURC）のコンサルティング手法を基に詳述します。

[1]職務評価手法の種類

　職務評価の代表的な手法は、①単純比較法、②分類法、③要素比較法、④要素別点数法です。手法そのものに優劣があるわけではありませんが、仕組みが簡便で実施コストがかからない順に①→④となります。その逆に、客観性があり説明力が高い順番は④→①になります。

　経営がポジション間の序列を確認するだけの目的であれば、シンプルかつ簡便な方法でよいかもしれませんが、報酬制度に結び付ける場合は社員への説明責任が求められます。そのため、判断の裏付けとなる根拠や客観性が重要になります。以下、それぞれの手法を具体的に説明します。

①単純比較法

　「①単純比較法」は、社内のそれぞれのポジションを相互に比較して職務価値の高低を判断する方法です。具体的には二つのポジションを1対1で比較して、どちらの職務価値が高いか（あるいは同程度か）を評価します。例えば、まず「営業部長」と「総務部長」でどちらのポジションが難しいかを検討します。次にそれら2ポジションと「研究開発部長」とを比較して序列を決定します。その次にまた別のポジションとの比較を繰り返して、相対的な格付表をつくります。

　この方法で愚直に社内の全ポジションの比較をすれば、どのポジションの職務価値が高いか（低いか）の判定はできます。一方で、絶対的な尺度がないため、「それぞれのポジション間で具体的にどの程度難易度が異なるか」の判断ができないのはデメリットです。また、職務評価の対象ポジションが多く、人材マネジメントの所管が事業部門ごとに分かれているような大企業では、「①単純比較法」の活用は現実的ではありません。事業部門横断で判断する根拠に乏しく、統制が難しいためです。

②分類法

「②分類法」は、まず自社内の職務を俯瞰して職階区分を設定し、それに基づき各ポジションを職階に当てはめて格付けする方法です。

例えば、社内で職務分析を行った上で、「4等級レベルは管理職補佐業務」「3等級レベルは高度判断業務」といった職務レベルをあらかじめ定義します。その次に「営業企画担当」や「営業事務担当」といったそれぞれの職務が何等級に該当するかを判断し、分類します。

「①単純比較法」と同様に、社内における相対序列は明確になりますが、まず「職階区分ありき」で格付けをするため、絶対的な尺度でそれぞれの職務価値を把握することは難しい手法といえます。一方で各ポジションを「職務全体」として概括的に評価する方法のため、要素を分解する方法（後述の「③要素比較法」「④要素別点数法」）に比べて簡便です。管理職ポジション間の職務価値の違いを粒度細かく判断する上では不向きかもしれませんが、各職種の職務情報の確認をしながらあらかじめ設定した職階に当てはめていくシンプルな方法であり、一般社員の職務の整理・格付けをする場合等には有効です。

③要素比較法

「③要素比較法」は、職務の価値を幾つかの構成要素（求められる知識や課題解決の難易度等）に分解した上で、ポジションごとに要素別の遂行レベルを判断する方法です。

例えば、「知識レベルは高・中・低のうち中」「難易度レベルは高・中・低のうち高」というように、「企画課長」や「人事課長」といった各ポジションを「要素×レベル」で丁寧に評価します。そのため、要素別にレベル判定のための尺度を設定することになります。

「②分類法」に比べて判断のプロセスが複雑化しますが、分析的な見方ができますので、より客観性の高い評価が可能になります。

④要素別点数法

「④要素別点数法」は、「③要素比較法」と同様に、職務を要素分解し

た上で要素別のレベルを判断し、レベルに応じて設定した点数を足し合わせて職務価値の大きさを評価する方法です。「ポイント・ファクター方式」とも呼ばれます。

各ポジションについて「知識レベルは5・4・3・2・1のうち3」「難易度レベルは5・4・3・2・1のうち4」というようにレベルを判断し、レベルごとにあらかじめ決められた点数を算出します。その点数を積み上げた総合点で、「総務部長」「経理部長」「開発部長」等のポジションごとの職務価値を比較することになります[図表5−3]。前述の職務評価手法に比べて最もプロセスが複雑ですが、絶対軸の判断に基づく緻密な評価をすることが可能です。

[2]要素別点数法の詳細イメージ

上述のとおり、職務評価の客観性を重視する場合、複数の観点で定量的なスコアを判定する要素別点数法がお勧めです。「ポジション別の給与設定の根拠の説明責任が強く求められる場面」や「管理職の各ポジションの差異を明らかにしたい場面」等では特に有効です。

そのため、職務等級人事制度を導入・運用する企業に対して、コンサルティングファーム各社が独自のツールで要素別点数法の職務評価を実施しています。以下では、MURCの職務評価手法の概要を紹介します。

図表5−3 要素別点数法での職務評価イメージ

同じ部長という肩書であっても、職務価値を評価すると異なるスコアが算出される

①職務評価のフレームワーク

MURCの職務評価ツールの名称は「Triple Cubic Approach（トリプル・キュービック・アプローチ）」といいます。Triple Cubic Approachでは、9項目の評価要素が設定されており、その3項目ずつを束ねた三つの視点に分類しています。[図表5－4]のとおり、知識や経験の広さ・深さを評価する「インプット評価（Ip）」、直面する問題の特性および解決の難しさを評価する「プロセス評価（Pr）」、結果として期待される業績の金額および達成責任の大きさを評価する「アウトプット評価（Op）」の三つです。

②職務評価の項目

次に「インプット評価」「プロセス評価」「アウトプット評価」で判定する評価項目の説明です。[図表5－5]のとおり、インプット評価は「専門性」「組織統率範囲」「職務範囲」、プロセス評価は「思考深度」「思考創造」「交渉難度」、アウトプット評価は「裁量性」「業績規模」「業績関与度」のそれぞれ3項目から構成されています。

図表5－4 職務評価のフレームワーク（Triple Cubic Approach）

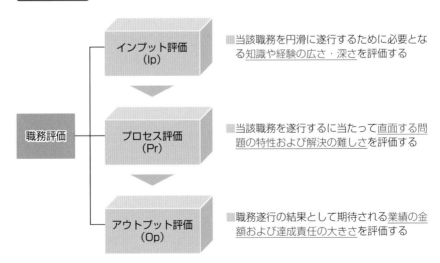

図表 5 - 5 職務評価の項目

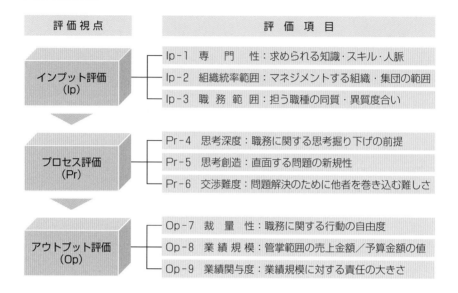

評価視点	評価項目
インプット評価 (Ip)	Ip-1 専門性：求められる知識・スキル・人脈 Ip-2 組織統率範囲：マネジメントする組織・集団の範囲 Ip-3 職務範囲：担う職種の同質・異質度合い
プロセス評価 (Pr)	Pr-4 思考深度：職務に関する思考掘り下げの前提 Pr-5 思考創造：直面する問題の新規性 Pr-6 交渉難易度：問題解決のために他者を巻き込む難しさ
アウトプット評価 (Op)	Op-7 裁量性：職務に関する行動の自由度 Op-8 業績規模：管掌範囲の売上金額／予算金額の値 Op-9 業績関与度：業績規模に対する責任の大きさ

　インプット・プロセス・アウトプットの点数（ジョブスコアといいます）を三つの直方体の大きさに例えるなら、それぞれ3軸の評価項目のレベル（幅・高さ・奥行き）でその体積を量る仕組みになっています。Triple Cubic Approachと呼ぶのはこのためです。

　例えば、インプット評価では、ポジションに求められる知識・スキル・人脈（専門性）を確認した上で、マネジメントする組織・集団の範囲（組織統率範囲）、担う職種の同質・異質度合い（職務範囲）を判断して、インプットのレベルを測定します。プロセス評価、アウトプット評価も上述の3指標で同様に評価をします。

③職務評価項目のレベル判断基準

　上記で説明した9項目には、それぞれのレベルを判断するための評価基準があります。例えば、専門性であれば「レベル1：専門性を必要としない」から「レベル8：当該業界の関係者から一目を置かれる専門性が求められる」まで、段階的な尺度が定義されています[図表5－6]。

図表5－6　職務評価の評価基準（サンプルイメージ）

Ip-1　専門性：求められる知識・スキル・人脈

		評 価 基 準 （イメージ）
低 ↑ レベル ↓ 高	1	専門性を必要としない
	2	XXXXXXXXXXXXX
	3	XXXXXXXXXXXXX
	4	XXXXXXXXXXXXX
	5	XXXXXXXXXXXXX
	6	XXXXXXXXXXXXX
	7	XXXXXXXXXXXXX
	8	当該業界の関係者から一目を置かれる専門性が求められる

　自社の「営業部長」のポジションであれば「レベル5」、「研究開発部長」であれば「レベル7」というように、それぞれのポジションの専門性の高さをこの物差しに当てはめます。それを9項目すべて判断することで、ジョブスコアを算出することが可能になります。

④点数化の方法

　Triple Cubic Approachでは、「三つの視点×三つの評価項目」のレベルを変数として、所定の計算方法で点数に置き換え、各ポジションのジョブスコアを算出します。すべてのポジションについて、「インプット評価」「プロセス評価」「アウトプット評価」の点数が算出され、総合的なジョブスコアが測定される仕組みです。

　[図表5－7]のとおり、「人事部長」であれば×××点、「営業部長」であれば○○○点という個別のジョブスコアが算出されます。これをジョブグレードの検討やポジション別の格付けに活用していきます。

　以上が、Triple Cubic Approachの概要ですが、実際の職務評価においては評価項目・レベル数・レベル定義をアレンジしながら調査・分析を実施しています。日本型経営からの制度移行の難しさを勘案し、導入

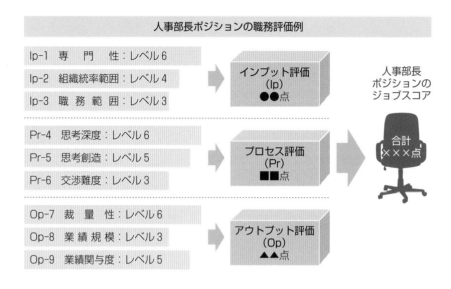

人事部長ポジションの職務評価例

Ip-1　専　門　性：レベル6
Ip-2　組織統率範囲：レベル4
Ip-3　職　務　範　囲：レベル3
→ インプット評価（Ip）●●点

Pr-4　思考深度：レベル6
Pr-5　思考創造：レベル5
Pr-6　交渉難度：レベル3
→ プロセス評価（Pr）■■点

Op-7　裁　量　性：レベル6
Op-8　業　績　規　模：レベル3
Op-9　業績関与度：レベル5
→ アウトプット評価（Op）▲▲点

人事部長ポジションのジョブスコア → 合計×××点

企業の事業特性や組織風土に応じたカスタマイズができることを特徴と
しています（なお、ここまで紹介したMURCのツール名称や評価項目に
ついては、本書の出版段階のものであり、今後、時流や環境の変化に合
わせて内容を見直す可能性がある点をご容赦ください）。

3　職務評価の実施プロセス

　自社内で職務評価を実施する際は、評価の担い手・ステップ・スケ
ジュールを整理する必要があります。本節では職務評価の実施プロセス
における主な検討論点を説明します。

　なお、以降は要素別点数法での職務評価を前提に解説します。

[1]職務評価の担い手の整理

　職務評価を実行する前に「誰が評価判定するか」について検討します

（「誰が承認するか」という点も大事であり、次節で説明します）。評価判定の担い手は、「①人事部門（またはコンサルタント）」「②ポジションの上位者」「③職務評価委員」の3パターンが代表的です。後述する目的や制約条件に応じて最適な方法を選択することになります。また、制度導入前（＝設計のため）と制度導入後（＝運用のため）で進め方を変更する企業も多く見られます。

①人事部門・コンサルタントによる評価

　人事部門を実施主体として、ポジションの上位者（または現職者）へのアンケート・インタビューで収集した職務情報を確認し、評価を判定します。人事コンサルタントが関わるケースでは、コンサルタントが全体進行のコーディネートやインタビューの主担当として人事部門を支援します。

　この方法は、人事部門と事業部門のマネージャー（あるいはポジション担当者自身）がそれぞれ評価プロセスに関わるため、客観性を保ちやすいというメリットがあります。一方で、調査の客体となる事業部門では、各ポジションの遂行に本来必要な水準以上に「この職務は難易度が高い」と無意識的に捉えがちです。人事部門は、インタビューで得た情報を鵜呑みにせず、厳正な姿勢でポジションごとのレベルを判断・調整する必要があります。

　このパターンでは、職務評価の知識を備えた人事部門・コンサルタントが統制をとりながら一元的に調査するため、制度導入前の設計フェーズでは有効です。一方、制度導入後の運用フェーズに移行してからは、現場へのノウハウの移転がしにくくなります。いつまでも人事部門やコンサルタントが職務評価の実務主体であり続けることは、運用高度化の視点では望ましくありません。

②ポジションの上位者による評価

　収集した職務情報を参考に、上位者が責任範囲の下位ポジションに対して評価を実施するパターンです。事業部門の部門長やマネージャーが

評価の担い手となります。大企業では事業部門長や本社人事部からの権限委譲があり、事業部内の人事担当セクションが実務を担当するケースもあります。

　ポジションの業務を熟知している直属の上位者が評価判断するため、当該ポジションへ期待する職務を的確に反映した評価を行いやすいというメリットがあります。

　一方で、部署間でどの程度統制が機能しているかによりますが、評価者の判定内容に甘辛・バラつきが生じます。また、一般的には職務評価に慣れていないケースが多いため、現職者のパフォーマンスに職務価値の判断が左右されやすくなります。そのため、この方法の場合には人事部門がアドバイザーとして支援する等、全体調整・モニタリングの機能を設けることを推奨します。

③職務評価委員による評価

　人事部門と各部門の代表者等で小人数の会議体（職務評価委員会）を組成し、収集された職務情報を基にすべての対象ポジションに対し職務評価を実施するパターンです。

　このパターンは職務評価委員が一括で評価を行うため、評価基準の「解釈の一義性」の保持が期待できます。その一方で、少人数の委員では判断が難しいケースもあるため、現場から得られる職務情報が十分でない場合、評価を適正に行えないという懸念があります。

　そのため、導入前にゼロから基幹人事制度を設計する段階でこの方法を活用するのは難しさがあります。ただし設計フェーズでも、前述の①または②の方法を行った上で、妥当性検証のために「③職務評価委員による評価」を実施することは可能です。

　一方で、導入後の運用フェーズは職務評価委員会をつくることで合意形成がしやすくなり、職務評価に関わる事務や意思決定が効率的になります。

[2]職務評価のステップ・スケジュール

　職務評価の実務では、評価の担い手の検討とともに「どれくらいの期間をかけて、どのようなステップで進めるか」の段取りを組むことが重要です。人事コンサルタントが制度設計に関わる場合の一例として、[図表5-8]のように進めることができます。

①職務評価の設計

　取り組みの目的に照らし、職務評価の実施概要・手順、職務調査票（詳細は【3】で後述）を決定します。保守的な企業風土の場合、検討段階で「どうやら実力主義の人事制度を導入するらしい」と不用意に知れ渡ってしまうと、社員に不安を与えるケースもあります。そのため、職務評価実施の発信・説明方法についても慎重に検討する必要があります。

②暫定職務評価

　本評価を実施する前の試みとして、予備情報に基づき暫定的・簡易的なパイロット評価を実施します。具体的には、一部の部署・評価対象者に調査票を記入いただき試行的にヒアリングする方法（対象者を限定したパイロット評価）や、いったんヒアリングをせずに人事部門が全員の職務評価を暫定的に実施する方法（手続きを簡素にしたパイロット評価）があります。このプロセスは必須ではありませんが、本評価実施に向けて課題を洗い出すために有効な取り組みです。

③職務評価ツールの調整

　暫定評価の結果を踏まえ、職務評価ツールの評価基準の解釈の擦り合

図表5-8　職務評価の実施ステップ（コンサルタントが制度導入前の設計フェーズで関わる場合の一例）

わせを行います。コンサルティングファームによっては職務評価ツールの点数化ロジックは原則変更できないケースもあると聞きますが、MURCのコンサルティングの場合、通常は評価項目・評価基準・レベル設定等のチューニングを行います。

　グローバルに拠点を展開する企業では、海外の事業部門に職務評価を展開する場合は指標の翻訳も必要になると思います。ただ、ツールをアレンジするとはいっても、海外の事業部門と国内の事業部門とで全く別の尺度を適用することは原則行いません。対象によって基準を分けてしまうと、社内で統一的な価値判断ができなくなるためです。

④本職務評価

　本職務評価は、すべての評価対象ポジションに対して、後述する職務調査票等を用いて職務情報の収集をします。職務の概要、ミッションの確認のほか、職務評価指標のレベル確認を行います。その上で、職務評価の正確性を検証するため、人事部門がポジション対象の上司（または一部の現職者）へのヒアリングを実施します。その際の注意点は、前項で述べたとおりです。

　最後に、職務調査票とヒアリング内容を基に全事業部門の職務評価案を作成します。その上で前述の「職務評価委員会」等のしかるべき機関で、職務評価案を調整・承認します。

［3］職務調査票の準備

　制度導入後の運用フェーズでは、ジョブディスクリプションに記載の職務情報をインプットに職務評価をすれば、各ポジションの格付けが可能です［図表5－9］。一方で、制度導入前にこれからジョブディスクリプションを詳細化する企業では、それに代わる予備情報として、「職務調査票」を用いることになります。

　位置づけが似ているため、次章で詳述するジョブディスクリプションの記述内容と類似していますが、例えば、以下のような内容を確認でき

図表 5 － 9 制度導入前／導入後の実務フローの違い（一例）

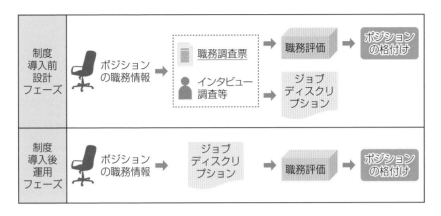

るフォーマットを準備します。

- ポジションの基本情報（どのようなポジションか）
- ポジションの目的（最終的に何をなすべきか）
- 主な職務内容（具体的にどのような業務を遂行すべきか）
- 必要な経験・知識・スキル等（そのポジションを遂行する上でどの
  ような経験・知識・スキルが必要か）

　加えて、インタビュー調査を通じて職務評価項目のレベルが判定でき
るように基礎情報を収集しておくとベターです。具体的には、当該ポジ
ションの「マネジメントの対象人数」や、「業務関係者（取引先等）との
関わり方」「問題解決の難しさ」等が把握できるように職務調査票のフォー
マットを設計します。

4 導入時・導入後の運用方法

　職務評価の結果を正式に社内人事に活用するためには、社内での承認
手続きや運用ルール整備が必要になります。こちらも導入前と導入後に

場面を分けたほうがイメージしやすいので、以下に解説します。

[1]制度導入前の手続き

　全社の職務評価実施後に正式に活用する上では、ポジションごとの格付けの妥当性を審議し、社内決裁を行うプロセスを設定しなければいけません。特に報酬のスキームが大きく変わる場合は、導入時の職務評価結果について、慎重な擦り合わせを行う必要があります。企業規模によっては経営トップが承認する場合もありますが、複数の目で客観的な審議を行いたい場合は、前述の職務評価委員会の設置を推奨します。

①職務評価結果の承認

　職務評価委員会の設定の位置づけや想定構成メンバーは前述のとおりです。職務評価結果を基にポジションの設置と、ポジションごとの職務評価結果を委員会メンバーで審議・決定します。具体的には、設置したポジションがそもそも組織設計の考え方に合致しているか、不要なポジションはないか、不当にレベルが高いポジションがないか、各事業部門の職務評価の考え方に大きなバラつきがないか等を確認します。委員会で評価の変更が必要になった場合は、事業部門と再調整をします。

　職務評価案作成の担い手が職務評価委員の場合は、承認機関のレベルを経営トップ・経営会議等に上げる必要があります。[図表5−10]のよ

図表5−10 職階別の承認ステップ（一例）

	事 業 部 門	職務評価委員会	経営トップ・経営会議等
本部長・部長ポジション		起　案 →	承　認
室長・課長ポジション	起　案 →	承　認	

うに職階を区分して、職階ごとに起案者と承認者を検討することも考えられます。

②ジョブアサインの承認

「①職務評価結果の承認」で設置したポジションに対して、制度導入時点で誰をアサインするかの最終決定をします。厳密にいえば、この手続きはポジションの職務価値を測定する目的の「職務評価」とは異なりますが、実務としては一連のものになります。制度改定時は導入時点の現職者を任命するケースが多いとは思いますが、前述のように不要ポジションを削減する場合や組織改定を同時に行う場合もあるため、現職者以外のジョブアサイン（または現職者を当該ポジションにアサインしないこと）を選択肢として想定することが必要になります。

[2]制度導入後の運用

制度導入後は、ジョブディスクリプションの記述内容をインプットに、各ポジションの職務評価を実施することが原則になります。一度職務評価を実施したポジションについて短期で格付けを見直す必要はありませんが、例えば以下の場合等には、職務評価を追加で実施することが必要になります。

- 新しいポジションができたとき
- ポジションが統合・再編されたとき
- ポジションの戦略的重要性が高まったとき
- 環境変化で職責の一部を担う必要がなくなったとき
- プロジェクト業務がポジションの定常業務に引き継がれるとき

また、中長期で見ると、経営環境の変化でポジションそのものの価値が変わってしまう（劣化・希少化等）こともありますので、ジョブディスクリプションを全社的に見直すタイミングで、職務評価を改めて行うようにしてください。

第6章

ジョブディスクリプション

「ジョブディスクリプション」（職務記述書）とは、各ポジションの期待成果や主な役割等を抽象化して書面で明示したものです。ジョブディスクリプションの整備・運用にかかる業務負荷を不安視して、職務等級人事制度の導入をためらう企業も多いようです。一方、第4章で触れたように運用を簡略化する選択肢もあるため、「ジョブディスクリプションの整備が難しいから導入を諦める」のは得策ではないといえます。以下、本章では具体的にジョブディスクリプションを策定する際のポイントに触れていきます。

1 ジョブディスクリプションの整備方針

ジョブディスクリプションは、ポジションを起点に処遇する職務等級人事制度の要ともいえます。採用・異動等のマネジメントへの活用に当たり「なるべく精緻に作成すべき」という考え方がありますが、第4章で解説したとおり、タスクリストのように詳細な業務内容を羅列する必要はありません。

ジョブディスクリプションの整備に当たっては、他社事例を利用して、ただ漠然と作成すればよいわけではありません。ポジション別の職務情報の記述を開始する前に、ジョブディスクリプションの活用目的を整理し、整備単位を選択した上で、自社で導入するフォーマットを検討する必要があります[図表6－1]。

[1]ジョブディスクリプションの活用目的の整理

ジョブディスクリプションを整備する上で、自社における活用の狙い

図表6－1 ジョブディスクリプション作成のステップ
（制度導入前の設計フェーズの場合）

を検討する必要があります。導入の目的は一義とは限らず、多様な活用シーンを想定できます。具体的には、「①期待伝達」「②目標設定のインプット」「③人材の採用」「④異動配置」「⑤サクセッションマネジメント」「⑥人材育成」等での活用が挙げられます。

　上記の活用シーンは各社でほぼ共通しているともいえますが、重視する程度は企業の人材マネジメントの方針によって異なります。また、「管理職層は①～⑥のすべてを重視するが、一般社員層は①期待伝達と⑥人材育成を重視する」というように、階層や社員区分別に主目的が異なるケースもあります。

①期待伝達

　「当該ポジションにどのようなミッションがあり、具体的にどのような業務を実行すべきか」を伝達するために、ジョブディスクリプションを活用します。

　職務等級人事制度を導入する企業では、ポジションアサインやその遂行度によって処遇が決まる仕組みとなるため、各ポジションの期待値を経営が示し、社員に説明する責任が求められます。また、各職場でポジション起点の業務マネジメントを円滑に進めるために、「ポジションに本来あるべき業務」を明文化して上司と部下で共有することが重要になります。

②目標設定のインプット

　人事評価制度でポジション別の目標を設定する際、「どのような目標を

どの程度の水準で設定するか」を示すためにジョブディスクリプションを活用します。

　ジョブディスクリプション内で重視すべきKPI（Key Performance Indicator：重要業績評価指標）が明確化されていれば、ポジションの期待値とアサインされる社員が設定する目標のギャップが小さくなります。例えば、「新素材営業部長」のポジションであれば、アサインされる社員Aさんが自分自身の問題意識のみを起点に年度目標を設定するという考え方でなく、既にジョブディスクリプションとして明確化されている「新素材営業部長」としてのKPIを基に、「受注額」「営業利益額」等の目標を設定するといった運用になります。

③人材の採用

　外部から人材を調達する際、採用候補者に必要な要件を提示するためにジョブディスクリプションを活用します。基本的には、人事部門や事業部門で求人時の募集要項を作成する際と同様の考え方になります。

　キャリア採用でジョブディスクリプションを活用する上では、どのような業務を担当するかに加え、ポジションに求められる経験・知識・スキル・公的資格等を具体的に明示することが有用です。必須条件と任意条件（尚可条件）で整理すると、応募者にとってわかりやすくなり、人材の採用・受け入れ時のコミュニケーションがスムーズになります。

④異動配置

　異動時の人材要件の明確化のために、ジョブディスクリプションを活用します。特に社内公募制度（ジョブポスティング）・グループ内出向等で他の事業組織からの受け入れをする際には、具体的でわかりやすい要件提示が必要です。

　人材の外部調達と内部調達との違いはありますが、「ポジションへの新規アサインのために要件を明確にする」という本質は「③人材の採用」と何ら変わりません。そのため、「④異動配置」に活用する上での記述上の工夫は、「③人材の採用」と同様です。

⑤サクセッションマネジメント

　経営幹部や重要ポジションの人材要件を明確化し、候補者の選抜・人材開発を行うためにジョブディスクリプションを活用します。

　例えば、「事業開発本部長」のポジションであれば、就任する上で望ましい社内ポジションの経験や業務経験（例：「商品開発部長」「新規開拓営業部長」等）、基本特性等を明確にします。

　候補者人材の経験・能力の状況と、ポジションの期待要件を関係者間で把握の上、サクセッションマネジメントに活用することになります。

⑥人材育成

　キャリアパスの見える化、職場での成長支援の目的でジョブディスクリプションを活用します。「全社でどのようなポジションがあり、それぞれのポジションにどのような知識・スキルが求められているか」を示すことで、人材育成に役立てます。

　そのため、関係者間での明示は当然として、ポジション別の要件を社内イントラネット等に公開して閲覧できる仕組みを整えることも必要でしょう。

[2]ジョブディスクリプションの整備単位の検討

　ジョブディスクリプションの活用目的に応じて、フォーマットの整備区分の単位を明確化します。この整備単位によって、ジョブディスクリプションの内容の具体性とメンテナンスコストが大きく変わります。

　整備の単位は、「ポジション別」「職種別」「職種群別」の単位に大別されます。大ぐくりに整備すればするほど記載内容が抽象的になる一方で、運用の負荷は小さくなります。それぞれの概要と特徴は、第4章（[図表4－2]とその解説）で詳述していますので、ここでは割愛します。実務で検討するケースでは、管理職は「ポジション別」としつつ、一般社員は「職種別」で整備する等、整備単位を組み合わせて導入する場合もあります。

　ジョブディスクリプションの整備方針が決まると、いよいよ記述内容の検討ができます。個別ポジションの職務情報の記述を始める前に、職務情報の記載粒度（どの程度詳述するか）と、フォーマットの記載項目について方針を検討します。

[1]ジョブディスクリプションの記載粒度

　ジョブディスクリプションの情報量は、当然、後述する記載項目の総量によって決まりますが、フォーマットの全体観をマネジメントするために、書式の粒度感を事前に確定するとよいでしょう[**図表6-2**]。最近は、紙媒体での使用を想定せずシステム上で直接作成・活用するケースも多いと思いますが、ドキュメントソフトや表計算ソフト等での入力や印刷のしやすさも考慮に入れる場合は、A4、A5、レターサイズ等の用紙サイズの規格に準じて決めておくことを推奨します。

　前節の整備単位の論点と同様に、詳細に記載すればするほどポジションごとの要件が明瞭になりますが、メンテナンスコストが大きくなりま

図表6-2 ジョブディスクリプションの記載粒度

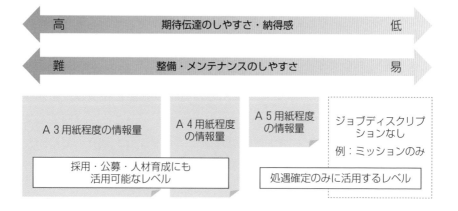

す。例えば、採用・公募にも活用可能なレベルにする際は、Ａ３・Ａ４サイズの情報量が必要になると思います。

したがって、キャリア採用や社内公募によるアサインの比率が高い企業では、全ポジションに対して細かい粒度で記述するほうが運用になじみやすいといえます。逆に、現段階で人材の外部調達や社内公募の頻度が低い企業では、当面は簡便なジョブディスクリプションを整備・管理しておき、採用・公募を実施するポジションだけそのタイミングで詳細な職務情報を作成する方法も採り得ます。

なお、簡便性のみを追求するのであれば、極論をいえば、あえてジョブディスクリプションを作成しない（例えば、ポジションごとのミッションのみ定義する）パターンも検討可能です。会社がジョブグレードと職務給を決定する上では、その判断ができる最低限の情報があればよく、精緻なジョブディスクリプションは不要になります。そのため、職務等級人事制度の導入目的が「報酬水準を職務価値に応じて適正化すること」だけの企業では、社内で労力をかけてジョブディスクリプションを詳細化する作業が必須になるというわけではありません。

［２］ジョブディスクリプションの記載項目

ジョブディスクリプションに記載する具体的な項目は、各社の活用目的によりピックアップの仕方を調整することになります。また、人事制度導入後はジョブディスクリプションに基づいて職務評価をすることになるので、自社において職務評価に必要な情報をジョブディスクリプションに内包しておくべきです。ここでは、「①ポジション概要」「②職務内容」「③能力情報」「④雇用条件」の区分ごとに、一般的な考え方として具体的な項目をご紹介します（必須でない項目も含めて列挙していますので、実際に活用する場合は、必要性に応じて取捨選択してください）。なお、ジョブディスクリプション・フォーマットの全体観の例として、第４章［図表４－１］で紹介した人材育成課長のサンプルを再掲します［図表６－３］。

図表6-3　ジョブディスクリプションの例（人材育成課長）（［図表4-1］再掲）

職務記述書

ポジション名	人事部 人材育成課長	ポジションコード	A030501
ジョブスコア	480点	職務等級	JG 8
上司ポジション	人事部長	上司ポジションコード	A030101
部下ポジション	人材育成上級専門職 人材育成専門職 人事事務職	部下ポジションコード	A030502 A030503 A030104

最新改訂日	2022年4月1日	作成者	○○ ○○	承認者	●● ●●

主な職責

➢ CEOを議長とする人材開発会議の年間計画を策定し、運営する
➢ 人材開発会議の決議に基づき、人材育成施策を企画・展開する
➢ 研修ニーズ分析、研修企画、研修業者選定・管理、受講者管理、研修ロジスティクス管理、研修効果分析、研修改廃など、社内研修に関する一連の業務を統括する
➢ 事業上の課題を人材育成の観点から提言し、解決に向けて組織的に取り組む
➢ 人材育成に関する世の中の最新メソッド・事例を組織的に研究・把握し、自社の施策に取り入れる
➢ 経営層からの要請に基づき、人材育成・組織活性化に関する個別対応を迅速に行う

KPI（重要指標）

■研修予算
■研修アンケート結果
■従業員意識調査結果

社内外関係者

社内	会社組織におけるすべての階層の社員と密にやりとりする
社外	人事・人材育成コンサルタント、研修提供業者・教育機関

職務遂行に必要な専門性・スキル

● 人材育成に関する高度な専門知識（理論知と実践知）
● 人事施策・制度に関する上級専門職レベルの知識
● 自社および一般的な事業戦略に関する知識と理解
● 強力なネットワーク構築力と他者影響力、高度なコミュニケーションスキルと高品質なサービスを追求する姿勢
● マネジメント・リーダーシップ・チームビルディング・交渉・ファシリテーションのスキル

求められる経験（目安）

● 3年以上の人材育成専門職の経験
● 人事機能における6年以上の職務経験

①ポジション概要

まず、基本情報の把握のために、ポジションの概要を記述します。具体的には、下記のようにポジションを識別するための情報を項目別に記載します。また、実務での運用を考えると、「どのようなタイミングで誰が作成し、承認したのか」について情報を追記できるようにしておくとよいでしょう。

〈記載項目例〉
- ポジション名称〈例：▲▲事業本部●●部長〉
- ポジションコード〈例：111000〉
- ジョブグレード〈例：JG 8 〉
- 所属部署・勤務地〈例：大阪事業所〉
- 上位ポジション名称・コード〈例：▲▲事業本部長　110000〉
- 下位ポジション名称・コード〈例：●●部■■課長　112000〉
- 最新改訂日〈例：20XX/X/XX〉
- 作成者〈例：▲▲事業本部長　M川一美〉
- 承認者〈例：職務評価委員長　U山二郎〉

②職務内容

次に、ポジションの職責や期待値を明確にするために、職務そのものに関する情報を記述します。ジョブディスクリプションの中核に当たる部分です。前述のとおり、職務内容の欄では具体的な日々のタスクを思いつく限り列挙するのではなく、「主な職責」を記載します。推奨する粒度としては、[図表6-4]の「金融営業チームリーダー」の事例を参考にしてください。

メンバーシップ型雇用の企業において「ジョブディスクリプションを導入すると、記述の範囲でしか仕事をしなくなる（＝だから導入しない）」という流説を聞くことがありますが、それは正しい理解とはいえません。ジョブ型かメンバーシップ型かを問わず、重要なポジションになればな

図表6－4 ミッション・職務内容の記載例

金融営業チームリーダーの例	
ミッション	担当する金融業界の顧客に対する売り上げ拡大に向けて、営業計画の策定・遂行と、メンバーのマネジメント・育成を行う
主 な 職 務	■部の方針に基づき、チームの目標達成に向けた年間方針を策定する ■チームの年間方針に従って、メンバーの営業目標・計画・アサインを決定する ■金融各業界のマーケティングを行い、新規取引に向けた方策を立てる ■大口取引先・新規取引先の顧客への営業活動・関係構築を行う ■メンバーが作成する営業提案書・契約書などの各種資料の確認・承認を行う ■チームの案件に関するトラブル対応を率先して行う ■部下マネジメント（労務管理・評価・面談・営業業務指導）を行う ■チームのナレッジマネジメント・リスクマネジメントを行う ■その他、ミッションを遂行する上で必要な想定外の事態に対応する

るほど、イレギュラー事案への臨機応変な対応が必要になります。そのため、「想定外の事態へ対応することも職務に含まれる」という点をジョブディスクリプション内にも明記することを忘れないようにしてください（[図表6－4]参照）。

　その他、定常業務とは別にプロジェクト等の臨時的な業務がある場合、職務内容の欄に示すこともあります。1年単位等でメンテナンスをする際に更新する内容になります。

〈記載項目例〉

• ミッション〈例：[図表6－4]参照〉

• 主な職責〈同上〉

• KPI〈収益指標、開発案件数、生産性指標、人材充足度等〉

• 職務遂行上の主要な関係者〈例：Y社開発部〉

• マネジメント対象人数〈例：15人程度（うち正社員10人）〉

• 臨時的な業務〈例：全社横断DXプロジェクトの営業部門責任者〉

③能力情報

　ポジションに求められる人材要件を具体化するために、必要な専門性・スキル等を記述します。主に新たなポジションアサインを検討する際に活用します。前述のとおり、必須条件と任意条件で分けて記入できるようにすると人材採用や社内公募の際に活用しやすくなります。

〈記載項目例〉
- 必要な知識領域〈例：労働法・デジタルマーケティング等〉
- 必要なスキル〈例：プロジェクトマネジメント・ITスキル等〉
- 必要な経験〈例：案件開発（5年以上）・官公庁対応等〉
- その他要件〈人脈・公的資格・語学力等〉

※それぞれの項目について「必須条件／任意条件」を区別して整理する

④雇用条件

　当該ポジションに必要な雇用条件を記載します。もっとも、汎用的な内容であれば就業規則や人事関連諸規程にも明示されているため、個々のポジションとして特に明確化する必要がなければ、記載を省略しても問題ありません。

〈記載項目例〉
- 雇用形態〈例：正社員・契約社員等〉
- 勤務地〈例：名古屋・シンガポール等〉
- 給与〈例：ベース職務給×××,×××円＋昇給額〉
- その他待遇〈例：予算達成インセンティブの有無〉

3　ジョブディスクリプション作成・更新プロセス

　ジョブディスクリプションを導入して継続的に運用する上では、作成・承認の担い手を整理する必要があります。また、内容を見直す場合や追

加で新規作成する場合の手続きやタイミングを取り決めておくことが重要です。

[１]ジョブディスクリプション作成の担い手

　第５章で説明した職務評価の担い手と同様に、ジョブディスクリプションの主たる作成者を検討します。対象ポジションが多い大企業等では、現実的には人事部門だけで作成・管理をすることが難しくなります。導入時は人事部門やコンサルタントが主導して作成することが多いですが、導入後は事業部門が自律的に運営する形に移行するのが理想的です。

①事業部門の管理職

　対象ポジションの上司となる事業部門の部長・課長がジョブディスクリプションの作成を主導する方法です。ポジションの配置目的や実務をよく知っているので、職務情報の具体化が行いやすいのが特徴です。ただし、現職者に対する評価バイアスを取り除くことや、記載内容を過度に詳細化しないように留意する必要があります。

②事業部門の人事担当

　事業部門長からの権限委譲で、対象ポジションの所属する事業部門の人事・総務担当者がジョブディスクリプションを作成する方法です。事業部門内にHRビジネスパートナー（HRBP）を設置しているケースでは、当該セクションが作成・管理を主導します。それぞれの部・チームの業務内容に明るい担当者であれば問題ありませんが、直接の業務経験が浅い人材が担当する場合は、情報収集の工夫が求められます。

③人事部門

　人事部門がジョブディスクリプションの実装を主導する方法です。特に制度導入時は、全社で記載内容を均質に保たなければいけないため、積極的に作成・監修に関わることになります。人事部門が直接的に職務情報を記述しないケースでも、全事業部門の作成プロセスに関与しながら進めるのが原則です。上述のとおり、導入後は各現場に作成責任を委

譲することが理想的ですが、小規模の組織で運用する場合や現場のリソースが不足する場合は、継続して人事部門が対応することも想定されます。

④コンサルタント

人事コンサルタントが人事部門のサポーターとして、ジョブディスクリプションの作成に携わる方法です。通常、コンサルティングファームは他社での作成実績やノウハウを保有しているので、制度導入時にスピーディーに実装できます。

ただし、いずれは作成業務を社内で内製化しなくてはいけないので、制度導入後に何年もコンサルタントが関わり続けることは想定されていません。また、コンサルタントが隅々までクライアントの業務を理解しているわけではないため、代表的な職種のジョブディスクリプションの草案やひな型を提示する役割が中心になります。

[2]ジョブディスクリプション承認の担い手

前項の作成者の議論と同様に、ジョブディスクリプションの承認の担い手を検討する必要があります。以下に代表的な承認者を示しますが、対象ポジションが多い企業では、例えば、部長層以上と課長層以下で区分する等、階層に応じて承認者を設定することもあります。

①事業部門長

ポジションの管轄の事業部門長（本部長・部長等）に承認権限を付与する方法です。ジョブディスクリプションは要員計画や職務設計と密接に関わるため、特に対象ポジションが多い企業では、運用が軌道に乗れば現場に一任する流れになります。各事業部門で運用方法の違いが生じることを懸念する場合は、人事部門がモニタリングする等、対策を講じます。

②人事部門長

人事部門長にジョブディスクリプションの承認権限を集約する方法です。情報を一元化できるため管理がしやすいですが、対象ポジションが

多い場合は現実的ではありません。また、導入までは人事部門長が承認する運用であっても、現場での自律的な運用を目指すケースでは、①事業部門長に委譲する方法に切り替えることになります。

③経営トップ

本部長クラス等、経営に近い立場のジョブディスクリプションは、社長・CEO等トップが承認に関わることが想定されます。また比較的規模の小さい企業や、事業構造変化のスピードが速い企業では、トップ自らが主要ポジションのミッションを都度決定し、ポジションアサインを速やかに検討することも考えられます。

④委員会等

前述の職務評価の場合と同様、ジョブディスクリプションも委員会形式で承認する運用が考えられます。職務評価委員会と同一の会議体で実施する場合もあれば、位置づけの異なる委員会を別途設置することも想定できます。

［3］ジョブディスクリプション更新のプロセス・タイミング

ジョブディスクリプション作成・承認の担い手が決まったら、更新のプロセスを検討します。新規に制度を導入する場合は、ジョブディスクリプションの記述マニュアルを整備した上で関係者に説明会を実施する等、事業部門とのコミュニケーションを重視する必要があります。また、更新タイミングは「①不定期のメンテナンス」と「②定期のメンテナンス」に分けて考えると建設的です。

①不定期のメンテナンス

事業に必要なポジションが追加／廃止になる場合やポジションの職務内容が大きく変わる場合に見直します。基本的には、適宜メンテナンスを行うことを推奨しますが、現職者の人事評価の基準に影響しないように、「新規ポジションを除き、期初以外（評価期間中）はジョブディスクリプションの内容を変更しない」といった運用も想定されます。

②定期のメンテナンス

　すべてのポジションに対して、ジョブディスクリプションの職務情報が古くなっていないか等を点検して見直します。例えば、「１年おきの更新」や、自社の中期経営計画の策定と合わせて「３年に１回の更新」をする方法が検討できます。なお、定期のメンテナンスでは、原則は会社全体ですべてのジョブディスクリプションを精査します。そのため、全社で足並みをそろえてスケジューリング・段取りをしてから進めることが通常です。

［４］ジョブディスクリプション追加作成のポイント

　職務設計の見直しの結果、ジョブディスクリプションを追加、統合・分割する際は、参照元となるポジションの職務情報を基に作成します。また、ジョブディスクリプションを新たに作成した場合は当該ポジションの職務評価が必須となり、その周辺のポジションも含めて、もう一度職務評価結果を見直す必要が生じます。

①追加ポジションのジョブディスクリプション作成

　追加ポジションの職務情報を作成する際は、通常、職務内容や職責のレベルが同質のジョブディスクリプションを参考にします。想定するジョブグレードに合致するレベル感で追加ポジションの職務内容を具体的に定義し、周囲のポジションの業務と重複しないように調整しながら新規に作成します。追加ポジションの設定により、職務内容に影響を受ける関連ポジションの見直しも発生することでしょう。

②統合・分割時のジョブディスクリプション作成

　ポジションを統合する際は、統合元となる複数ポジションのジョブディスクリプションの内容を集約する形で作成します。その際、職責の範囲が広くなり過ぎないように注意しましょう。統合の結果、実質のダブルアサイン（統合前の複数ポジションをそのままの業務量で兼務している状態）となってしまうケースがよく見られます。

ポジションを分割する際は、分割元のジョブディスクリプションの内容を分離させるイメージで作成します。もともと分量過多だったため分割する場合を除き、ポジション当たりの職責・業務量が少なくなり過ぎないように、周囲のポジションも合めて再調整をしていくことになります。

第7章

等級制度

　職務評価を基に基幹人事制度を改定する際、具体的には等級制度・人事評価制度・報酬制度を見直すことになります。第7章では等級制度を取り上げ、職務等級の設計のパターンや検討のポイントを紹介します。職務等級制度を用いることで、今まで年功序列・横並び主義の人事運用だった企業では、人事管理の思想・仕組みが大きく変わることになります。

① 職務等級制度とは

　等級制度は社員の格付けを決める仕組みであり、基幹人事制度を運用する上での基柱となります。中でも、担うポジションの職務価値（＝職務評価の結果）を序列化の基準とする等級制度が「職務等級制度」です。

　本書では、職務評価を用いて決定する等級のハコそのものを「職務等級」、職務等級を用いてマネジメントする等級制度を「職務等級制度」、職務等級制度を用いて人事評価・報酬を決定する基幹人事制度の総称を「職務等級人事制度」と呼ぶことにします（特に「職務等級制度」と「職務等級人事制度」は似ているので、混同しないようにしてください）。

[1]職能資格制度・役割等級制度との違い

　社員の処遇判断の軸となる等級制度は、一般に「職能資格制度」「役割等級制度」「職務等級制度」の3種類に大別されます。

　職能資格制度は、従来のメンバーシップ型の日本企業に多く取り入れられている等級制度で、個人の職務遂行能力で等級格付けが決定されます。「一度身に付けた能力は劣化することはない」という考えの下、原

則、降格がない仕組みです。

役割等級制度は、1990年代以降、日本企業の人事制度改革で多く採用された等級制度で、個人の担う役割の大きさを基準に格付けをします。「役割」の定義は曖昧なのですが、役職・職責とそれを担う人の能力がミックスされたような概念です。ポストオフ等により個人が担う役割が小さくなる場合、降格もあり得る仕組みです。

職務等級制度の概要は、これまで説明してきたとおりであり、あらかじめ定めた個々のポジションの職務価値によって格付けをします。ポジションに任じられる「個人」ではなく、個人が担う「ポジション」そのものが等級判断の主軸となる点が、役割等級制度との違いです。

[2]職務等級制度のメリット・デメリット

上述の内容をさらに深掘りして、3種類の等級制度を比較したものが[図表7-1]です。職務等級制度は、他の等級制度と比較して、下記①〜⑥の視点でのメリット・デメリットがあります。運用面のデメリットに対策を講じる必要がありますが、「貢献と処遇の一致」「総額人件費管理」「ポスト登用管理」の課題に直面している企業では、職務等級制度の導入が効果的です。

①貢献と処遇の一致

職務等級制度は担当ポジションの職務価値と等級格付けが厳密に連動するため、他の等級制度と比較して、最も貢献と処遇の一致度が高い仕組みといえます。適正に運用をすれば、職務価値が低いポジションの社員の処遇が高止まりする、ということはありません。

②総額人件費管理のしやすさ

職務等級制度では、自社に必要なポジションに支給する報酬額の総和で人件費が決まります。そのため、結果として総額人件費が管理しやすくなります。過去に「職能資格制度から役割等級制度に変更しても年功的な人事運用を払拭できなかった」という企業の声をよく聞きました

等級制度分類	職務等級制度	役割等級制度	職能資格制度
等級格付けの考え方	**「仕事（椅子）」が基準** あらかじめ定めた個々のポジションの職務価値によって等級が決定	**「役割」が基準** 個人の役割の大きさで等級が決定 （降格の仕組みあり）	**「能力（ヒト）」が基準** 個人の職務遂行能力で等級が決定 （原則、降格がない）
①貢献と処遇の一致	◎現在ポジションの職務価値と等級が厳密に連動	△判断軸が複数あり、やや曖昧な等級判断となる	×曖昧かつ恣意的な等級判断に陥りやすい
②総額人件費管理	◎総額人件費管理が容易。年功的運用を払拭できる	△やや年功的運用に陥る危険あり	×年功的運用に陥りやすい
③ポスト登用管理	◎不要職の創出や当該ポジションへの昇格が抑制される	△本来は昇格調整が可能だが、厳格に運用しなければ不要ポストが増える	×能力基準で半自動的に昇格が起こり、不要ポストが増えやすい
④円滑な配置転換	△異動前後の職務に応じ報酬が改定されるため頻繁なローテーションが難しい	○異動前後の役割を考慮の上、運用で工夫すればローテーション可能	◎異動による等級変更は伴わないため柔軟なローテーション運用がしやすい
⑤昇格機会（本人視点）	△パフォーマンスにかかわらず空席ポジションがないと職務変更ができない	○本人のパフォーマンス（役割拡大）によって昇格可能	◎本人の能力向上によって昇格可能（必ずしも結果が求められない）
⑥メンテナンスのしやすさ	×職務評価実施のノウハウ・体制が必要でありメンテナンスが難しい	○役割基準の見直しなど、運用力がある程度要求される	◎メンテナンス・運用が容易

が、職務等級制度を導入すれば、この点は改善されるはずです。ただし、ポジションを必要以上に増やすと人件費はコントロールできませんので、注意が必要です。

③ポスト登用管理のしやすさ

　職能資格制度は能力があれば昇格できる仕組みのため、管理職に昇格した人材のために「本来は不要なポジションを創出してしまう」という問題が起きやすいのが特徴です。それに対して職務等級制度は、ポジショ

ンを起点に適任者をアサインするため上位ポジションへの変更が限定的になります。そのため、不要ポジションが増えにくい仕組みになります。

④配置転換のしやすさ

職務等級制度では、異動後のポジションの職務価値に応じて賃金が改定されるため、他の等級制度に比べて頻繁なジョブローテーションが難しいという特徴があります。「職場の活性化のためにローテーションがなくては困る」という意見を持つ方も多いと思いますが、ジョブ型の人材マネジメントを目指す企業では、一部の経営幹部候補や若手社員を除き、会社主導のローテーションを原則的に行わない考え方に立ちます。それでもローテーションを必須と考える企業は、特にベテラン社員の異動運用が自社の収益拡大や業務品質の管理、人材育成にどのようなメリットをもたらしているか、立ち止まって議論することが重要です。

⑤社員目線での昇格機会

上述「③ポスト登用管理のしやすさ」と表裏一体の論点ですが、職務等級制度では個人のパフォーマンスにかかわらず、空席ポジションがないと上位職への職務変更をしないという点が特徴です。そのため、従来の職務等級制度・役割等級制度では順調に昇格をしていた人材が、職務等級制度の導入後に「昇格のチャンスがない」という状況に陥ってしまうかもしれません。これは職務等級制度のシビアな一面であり、都合の良い救済措置があるわけではありません。後述しますが、人事制度の運用思想として「昇格ありき」で考えるべきではない、ということに尽きます。

⑥メンテナンスのしやすさ

職務等級制度では職務評価やジョブディスクリプション整備のノウハウ・体制が必要であり、メンテナンスが難しい点が特徴です。ただし、これは他の等級制度との比較論であり、第5・6章で述べてきたとおりシンプル化や分業により運用を簡便化できます。

[3]ダブルラダーの等級制度の選択肢

　ここまで職務等級制度の解説をしてきましたが、過去に職務等級制度を導入したことのある日本企業では、職務等級と職能資格等級を併用したダブルラダー（直訳すると「二重はしご」）の等級制度を運用する企業も見られます[**図表７－２**]。一足飛びで職務等級制度へ移行することが難しかったため、従来の職能資格制度における役職制度（役付手当を含む）の部分を、ポジション起点の職務等級に置き換える形で設計をしている例がそのほとんどです。

　この仕組みは、職務等級により従来よりも報酬のメリハリがつけられる一方で、職能資格等級による属人的な給与設定が存続するため、原理原則のジョブ型人材マネジメントの思想からは逸脱する考え方になります。また、職務・職能で等級制度を二重管理する必要があるため運用が複雑化します。特に上位ポジションへの変更と職能資格の昇格を別々の評価軸で判断する運用になりますので、運用に相応の事務負荷がかかります。

図表７－２　ダブルラダーの等級制度のイメージ

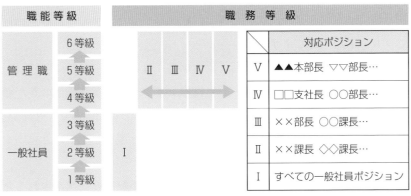

上記のとおりデメリットがあるのは事実ですが、将来的に職務等級へ完全移行するための足掛かりとしての位置づけであれば、このダブルラダーの等級制度が有効に機能する場合もあります。改革の目的に応じて、一つの選択肢として検討できるでしょう。

2　職務等級方式と賃金等級方式

　職務等級制度を運用する際、厳密には2種類の格付けの仕組みが存在します。一つは職務評価に基づくジョブグレードを職種にかかわらず報酬決定に活用する「職務等級方式」であり、もう一つは報酬決定する上で職種別のマーケットに応じた等級に再変換する「賃金等級方式」です。

[1]職務等級方式

　要素別点数法で職務評価を実施した場合、それぞれのポジションの点数（MURCの手法ではジョブスコア）が算出される仕組みとなります。そのジョブスコアの高低でポジションのランク付けをする仕組みについて、本章では便宜的に「ジョブグレード（Job Grade)」と呼びます。

　例えば、1〜500点までは1グレード、501〜1000点は2グレード、1001〜2000点は3グレードというように、ジョブスコアのバンドを設けてグレードを定義します。

　職務評価の段階では、例えば「営業部長」は10グレード、「開発部長」は12グレードといったように、同じ役職レイヤー間の職務価値の差が鮮明にわかるように設計するべきです。正解があるわけではありませんが、最低から最高まで15〜20くらいのレベルがあると運用しやすいと思います。

　なお、上記で設定したジョブグレードが直接報酬制度に適用されるとは限りません。例えば、ジョブグレードの設定が18グレードあるとすれば、報酬テーブルを18通り設定することもできますが、社内の環境に合

わせてジョブグレードより大ぐくりの等級制度を別途設けること（ブロードバンディング）が可能です。

　例えば、[図表7－3]の設計例1のように、18層のジョブグレードの3グレードずつを区切って6層の職務等級を設定したり、設計例2のように2グレードずつを区切って9層の職務等級を設定したりできます。

　報酬反映用の職務等級は、社員にとって報酬差の意味を把握しやすい階層にする必要がありますので、職務評価のジョブグレードよりも大ぐくりに設計する例が通常です。もちろん、上述のとおりジョブグレードの刻みを変えずに、そのまま報酬反映用の等級に活用する選択も考えられます。同一等級の中で昇給幅（報酬レンジ）を設けるかどうかによっても、運用に適した階層数が変わります（賃金設計の手法については、第9章で詳述します）。

図表7－3　**職務等級方式における等級設計イメージ**

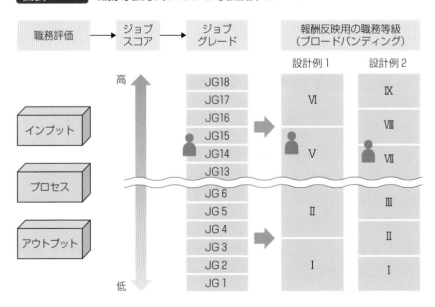

［2］賃金等級方式

　欧米のようにマーケットの報酬水準が職種によって大きく異なる場合に、「賃金等級方式」が用いられることがあります。上述の「職務等級方式」は職務価値が同じ800点のポジションであれば、職種にかかわらず同じジョブグレード（例えばJG４）に格付けられる仕組みです**[図表７－４：左]**。一方で「賃金等級方式」の場合、職務価値が同じ800点であっても、職種に応じてPG（Pay Grade）３とPG４に分かれる場合があります**[図表７－４：右]**。つまり、同じ800点のポジションでも、例えば営業は年収12万ドル、総務は10万ドルになる、というイメージです。

　現段階の日本企業においては、職種別のマーケットデータが未成熟（かつ企業やグループ内の内部公平性のロジックで賃金決定されるケースが多い）のため、多くの場合、シンプルな「職務等級方式」が採用されているようです。初めて職務等級人事制度を導入する企業で「賃金等級方式」を第一に検討することは珍しいかもしれませんが、職種によって明確に賃金差をつけたい場合等に有用ですので、選択肢の一つとして紹介しました。

図表７－４　「職務等級方式」と「賃金等級方式」

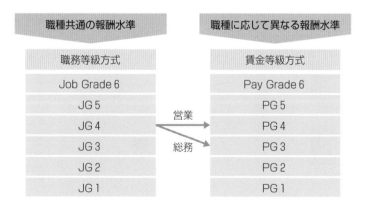

　職務等級制度では、厳密にいえば昇格・昇進や降格という表現はふさわしくありません。上位または下位ポジションへの「転換」「移行」や「任命（あるいは任用）」が、仕組みに整合した表現となります。

　現行ポジションのジョブグレードが見直される場合を除き、職務等級制度では同じポジションに従事している限りは上位等級への移行がありません。以降、上位ポジションへ転換する場合と下位ポジションへ転換する場合とに分けて解説します。

［1］上位ポジションへの転換

　職務等級制度では、現職の次にエントリーするポジションが現状より高いジョブグレードであれば、従来の「昇格」と同じように上位等級へ転換することになります。職務等級制度においても「人事企画課長を担う人材がその次に人事部長に任用される」といった典型的なキャリアパスはありますが、能力が上がれば必ず昇格・昇進できるという仕組みではありません。

　事業組織の編成上の都合で、担うポジションが変わるケースもあります。その際、引き続き同等のジョブグレードを担う場合は従来の「異動」ですが、重要な職責を担うため等級が上がる場合は、上位等級へ移行（従来の「異動」＋「昇格」）します。

　また、前述のとおり、同じポジションの中で権限・責任・期待水準が拡大するケースもあります。定期的なジョブディスクリプションの見直しにより、現職ポジションの職務価値が上がる場合に、現職に就きながら上位等級へ移行することがあります。これは、従来の「能力による昇格」とは性質が異なります。一方、社員の能力アップに合わせてポジションのジョブグレードを調整するような運用は、本来的でないため注意が必要です。

社員の目線に立てば、これまでの職能資格制度では頑張って成果を出していれば上位等級に昇格することが当たり前だった中、職務等級制度の場合は、自らポジションを勝ち取らないと上位ポジションに任用されないことになります。そのため、これから職務等級人事制度を導入する企業では、運用が定着するまでは社員の閉塞（へいそく）感が増す懸念もあります。したがって、抜擢（ばってき）人事や自己申告制度による異動を積極活用する等、補完的なキャリア施策を実践することが大事になります。

［2］下位ポジションへの転換

　職務等級人事制度は、組織の新陳代謝を高めるための施策という側面もあります。残念ながら現ポジションの職責が担えない人材は、下位等級へ移行することがあります。当然処遇は下がり、従来の「降格・降職」の扱いを受けることになりますが、職務等級制度においてはあえて社内で「降格・降職」と表現する必要はありません。

　「職責に対する処遇の適正化」が目的の企業では、評価不芳者の下位ポジションへの転換を厳格に実施できない場合、これまでの制度枠組みとあまり代わり映えがしないことになります（注：職務等級人事制度においても、現ポジションの職責を期待値どおりにこなしている人材は、通常、下位ポジションに転換されることはありません）。一方で、これまで降格・降職を実施してこなかった企業では、賃金が下がることを理由に、人材を下位等級のポジションへ任用することに躊躇（ちゅうちょ）する場合が多くあります。その場合は、ポジションの硬直化を防ぐため、やむを得ず下位職へ移行する社員に調整手当を支給するケースもあります。

　なお、ポジションを外れる時点で退職する方が一定割合は発生しますので、経営の立場としては、その覚悟が必要になります。外部労働市場の流動性が高い業界であれば、あえて自社内で低いポジションを担うより、むしろ退職を選択する人材も多いと思います。この点については、これまでの日本企業の人材管理の常識から考えると「損失」かもしれま

せんが、ジョブ型雇用の人材マネジメントにおいてはむしろ合理的な施策といえるでしょう。

　また、付け加えておきますが、企業の人員構成や事業環境によっては、下位等級への移行を恒常化することは必ずしも重要ではありません。処遇引き下げが人事制度改定の目的ではない企業も多いと思いますので、自社における妥当性の中でポジション任免の流動化の程度を調整するようにしてください。

　なお、日本企業における「役職定年制度」の仕組みはメンバーシップ型の人材マネジメントの典型的な運用です。パフォーマンスにかかわらず年齢を基準に処遇を区別する仕組みは、ジョブ型雇用の観点では本来的ではありません。役職定年制度を運用している企業では、職務等級制度導入に当たって廃止を第一に検討するべきでしょう。人件費管理等の事情でやむを得ず廃止が難しい企業では、「年齢にかかわらず貢献に応じて処遇をする制度のポリシー」と「年齢到達による処遇変更」がどうしても矛盾してしまいます。そのため、長期的・段階的に撤廃をする工夫や社員への丁寧な説明が求められます。

④ 職務等級制度の運用上の留意点

　これまでも述べてきましたが、職務等級制度の運用においては、幾つか留意すべきポイントがあります。本章の結びとして紹介します。

［１］入社年次管理からの脱却

　設計した職務等級制度を真に活かすためには、「適所適材」のポジション任用をすることが求められます。職務等級制度においては、ジョブディスクリプションに定義されたミッションを遂行できる人材（かつ、遂行する意思がある人材）をそのポジションにアサインすべきです。

　そのため、これまで横並びの年次管理を行っていた企業は、「40歳で課

長になり、45歳で部長になる」という年齢基準の昇格・昇進判断を改める必要があります。職能資格制度では、適正な昇格運用をするために昇格に必要な「滞留年数」を設けるケースがほとんどですが、職務等級では、それが優秀な人材を早期に登用する上での妨げになってしまいます。

［2］定期的なポジションの設置見直し・アサインの妥当性検証

職務等級制度を適正に運用する前提として、定期的に組織のミッション遂行に必要なポジションを見直した上で、不要ポジションを排除する姿勢が求められます。すなわち、適切なポジションと要員数の設定（＝要員計画の立案）が重要になります。「あるべき要員」を質・量の面で設定しなければ、制度導入の効果が期待できません。

なお、職務等級制度の導入時は、スムーズな移行をするために、現職者をそのまま継続してアサインするポジションが大半を占めるかもしれません。一方、その後の運用の硬直化を防ぐためには、ポジションアサインを定期的に見直すことが大切です。そのためにポジションの「任期制」を導入する例もあります。

とはいいながら、現実の企業内での運用では、育成目的や人材不足によって、本来必要な知識や経験が備わっていない人材をポジションに就けるケースも見られます。任用後は本人任せにするのではなく、ポジションに求められる働き方ができるように、関係者がフォローアップを行うことが必要です。また当該人材に対して、人事評価で業績を公正に評価し、フィードバックすることも重要なポイントです。

［3］自主的なエントリーを主体とした配置

ジョブ型の人材マネジメントを導入する目的の一つとして、「自律的なキャリア形成の促進」を掲げる企業が多くあります。会社が提示する画一的なキャリアルートを歩む時代から、社員自らが責任を持ってキャリアを切り開く時代に変わりつつあります。

当然、社内でのキャリア形成においても、自分に必要なポジション経験を自ら選択することが重要です。そのため、「自主的なエントリー」を主体とした配置を実現する必要があります。従来の人事運用で「会社主導の異動」がほとんどだった企業では、少しでも社内公募ポジションの割合を増やしていくことが必須になります。また、会社主導の異動がやむを得ない場合も、本人の意思を確認・尊重するプロセスを設けることが求められます。

[4]曖昧な役職の廃止

　部長・課長（ライン役職）等の職責が明確なポジションに対し、従来の日本型経営の企業では、「部長代理」「部付部長」「担当課長」等、ライン役職者以外のタイトルが数多く存在することがあります。役職名が何であれ明確な役割があればよいのですが、それらの役職名が単に「肩書」にすぎない場合、職務等級制度を導入する上では必要のないものになります。そのため、ポジションの設計・再整理に合わせて廃止を検討することになります。

　ただし、これまで存在していた役職をなくしてしまうと、不用意にベテラン社員のワーク・モチベーションを棄損してしまうケースもあります。また営業職等では、対顧客活動上で対外的な肩書が重要になることもあります。そのような場合には、現場での必要性に応じて、職務等級制度の職位とは関係のない「名刺呼称」の使用を許容する例もあります。一切のコストをかけず、呼称だけでモチベーションを維持できるなら、「むしろ呼称をなくさないほうがよい」と考える経営者も多いようです。

[5]兼務ポジションの削減

　職務等級制度は「仕事にヒトをつける」仕組みであることを説明してきましたが、ポジションの兼務は「ヒトに仕事をつける」典型的な現象です。兼務者が多い企業は、ジョブ型の人材マネジメントの枠組みとの

相性が良くありません。部門の組織設計上で必要としない属人的な兼務ポジションは、積極的に減らしていくべきです。

　なお、制度移行期では、人材不足等で引き続き兼務役職を継続せざるを得ないケースもあると思います。その場合、兼務者に対しては、高いほうのポジションを基準に職務等級に格付けする方法（＝低いほうのポジションは格付けの根拠にしない）を取るのが簡便です。ただし、兼務者の責任・負荷の大きさに配慮するなら、職務等級の格付けは高いほうのポジションを基準としつつ、報酬制度で兼務ポジション分の処遇加算をすることも一つの選択肢です（その際、月例給でなく賞与で加算することもできます）。

第8章

人事評価制度

第8章では、職務等級人事制度における人事評価制度をテーマに取り上げます。人事評価制度は業種・業態によって最適な仕組みが千差万別です。加えて、「職務等級人事制度であればこうすべき」というはっきりした設計スキームがあるわけではありません。ただし、ジョブ型雇用の人材マネジメントを目指すのであれば、マーケットバリューの高い人材を厚遇するために大きく運用の考え方やルールを変える必要があります。そのため、本章では運用面も含めた改定のポイントを解説します。

1 ジョブ型人材マネジメントにおける人事評価の意義

職務等級人事制度を導入する場合、社員の基本報酬はポジションの職務価値で決まります。すなわち、ジョブディスクリプションの職務情報を基準として半自動的に報酬水準が決まるということであり、「もはや人事評価を実施する必要がないのではないか？」と思う方もいるかもしれません。しかしながら、実際の日本企業では、職務等級人事制度を導入する企業でも「人事評価を実施しない」という選択は珍しいといえます（非正規社員等の特別なケースは除きます）。

[1] 人事評価制度の目的

職務等級人事制度であってもほとんどの企業で人事評価を実施する理由としては、「処遇決定（以下、解説の④）」以外にも、さまざまな実施目的があるためです。長年の会社生活の中で、「人事評価は報酬査定のために実施する」という思考が定着している方が多いと思いますが、そのほかにも「①経営メッセージ伝達」「②育成・モチベート」「③適材適所

（『適所適材』）の実現」の目的が重要であることをいま一度理解すべきでしょう。

①経営メッセージ伝達

　目標設定や評価基準を通じて、会社がポジションに期待する役割や当年度に注力してもらいたい事項を伝達します。職務等級人事制度においては、ジョブディスクリプションが同じ機能を果たす面もありますが、ジョブディスクリプションが示す普遍的な職責に対して、人事評価制度では、一定期間内（単年度・半期等）における具体的なパフォーマンスの期待値や必達基準を提示することになります。

②育成・モチベート

　人事評価の結果や職務行動に対するフィードバックを通じて、本人への成長支援や動機づけを行います。コンサルティングの現場では、「上司から一方的に評価ランクを伝えるだけ」で、本来必要な評価面談でのコミュニケーションが不足している企業を目の当たりにします。人材開発を通じて組織の成長を目指す企業では、職務等級人事制度の導入にかかわらず特に重視すべき視点です。

③適材適所（「適所適材」）の実現

　人事評価の結果を、異動運用やポスト登用の判断材料にします。営業会社等では、A評価・B評価という「結果としての評価ランク」や目標達成度を中心に異動の判断材料にしている企業も見られますが、結果そのものよりも「どのような職務適性があるか」「どのような課題に対して、どのように向き合ったか」等、質的な情報を収集することも重要になります。ちなみに「仕事にヒトをつける」考え方の職務等級人事制度においては、適材適所よりも「適所適材」という表現が正しいといえます。

④処遇決定

　人事評価の結果を、基本給昇給・賞与支給・等級格付け等の判断材料にします。評価ランクを直接的に報酬額に反映させる場合と、参考情報

として間接的に参照する場合があります。評価点・評価ランクの決定方法や、絶対評価／相対評価の違いが処遇決定に大きく影響します。

[2]職務等級人事制度における人事評価の視点

　職務等級人事制度において人事評価を一層機能させる上で、どのような視点を考慮に入れて制度設計・運用をすればよいでしょうか。年功序列・横並び主義の企業では、人事評価制度が形骸化しており、「期末に必要な手続き・作業として評価シートを記入しているだけ」という状況も多く見られます。ここでは、従来型の人事評価制度から高度化するための視点を4点紹介します。次節以降で具体的な設計・運用施策を解説する前に、ここでは大枠の考え方を示しておきます。

①ポジション起点の評価

　職務等級人事制度では、人材の能力・姿勢ではなく、職責に対する貢献状況（成果・行動等）を中心に評価をします。加えて「他人との違い」や「前回からの伸びしろ」をチェックするのではなく、ポジションの期待水準に対しての達成度・充足度を評価する視点が求められます。

②自律的なキャリア形成・成長の支援

　ジョブ型の人材マネジメントでは、自律的なキャリア形成・成長がテーマになるのは前述のとおりです。評価面談の場面においても、上司から一方通行の伝達にならないように、上司・部下間で双方向のコミュニケーションが求められます。

③計画・プロセスの重視

　上司が部下の成長を支援するためには、課題を明確に示すこと（上位職層においては自ら課題を形成すること）や、自ら主体的に課題解決に取り組むための工夫が求められます。そのためには、人事評価結果のマネジメントのみならず、期初の課題設定、仕事の割り当てや進捗のコミュニケーションにも重きを置く必要があります。特に職務等級人事制度では、目標の達成基準の精緻化や、部下が能動的に意見を発言するた

めの場づくりが重要になります。

④フィードバック機会の充実

　前記②③と関連しますが、一人ひとりが目標達成に向けて自律的に考え、行動するためにはフィードバックの質と量を充実させる必要があります。具体的には上司・部下のコミュニケーションの頻度を高くするための仕組みや、上司以外からも客観的なフィードバックを得る機会を設けるための施策を検討していきます。また、フィードバック機会を増やすだけでなく、ネガティブなフィードバックに終始しないように「良い点は褒める」「長所をさらに伸ばす」ような工夫があるとよいでしょう。

2　職務等級人事制度における人事評価の類型

　職務等級人事制度を導入する場合、社員の基本報酬（少なくともベースとなる金額）がポジションの職務価値で決まる仕組みになります。処遇の判断要素と反映方法により人事評価の方法が異なってきますので、モデルパターンとして以下に三つの考え方を示します。

[1]業績評価特化パターン

　[図表8－1]の方法では、ジョブディスクリプションのKPIと連動した業績評価（＝目標管理制度）により評価を決定します。人事評価による昇給はせず、賞与のみに評価結果を反映する仕組みです。このパターンでは、日本企業でなじみ深い定性評価（行動評価・能力評価等）を実施することを省略しています（目標管理を補足する観点で定性評価を実施するケースはあります）。成果を中心に見る仕組みのため、管理職のみに職務等級人事制度を導入する企業等での活用を想定します。

　月例給与の決定はポジション基準としつつ、賞与のみ業績評価の結果を反映することで、ポジションの期待値に対して高い目標を達成した社員を厚遇できる仕組みとなります。また、等級格付けは原則、職務評価

図表 8 − 1 業績評価特化パターン

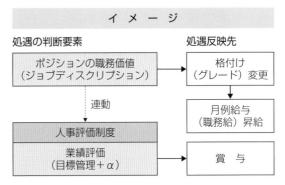

概　　要	イ　メ　ー　ジ
▓ジョブディスクリプションと連動した業績評価を中心に人事評価を実施 ▓人事評価結果を賞与に反映	（処遇の判断要素・処遇反映先のイメージ図）

を基に決定されますが、ポジション任免の判断要素として間接的に人事評価を用います。なお、このパターンでは定性評価を行わない（または重視しない）ため、業績偏重の評価運用になりやすくなります。評価者間で目標設定のレベル感が統一されていないと、人事評価の納得感が低くなるため注意が必要です。

［2］業績評価・行動評価の併用パターン

　[図表8−2]の方法では、ジョブディスクリプションと連動した業績評価と職種別行動評価を実施します。報酬のベースとなる金額はポジションの職務価値に連動しますが、その上で人事評価の結果を昇給・賞与に反映します。

　具体的な反映方法としては、「業績評価を賞与に、職種別行動評価を昇給に反映する」「業績評価と職種別行動評価の点数を合算して総合評価を決定し、昇給・賞与の両方に反映する」等、幾つかのパターンが考えられます。

　昨今ではどの業界も経営環境が複雑化しているため、管理職であっても業績に特化した評価のみとせず、定性評価を重視する日本企業も増えてきています。定性評価を処遇に反映することで、コンプライアンスや

図表8－2　業績評価・行動評価の併用パターン

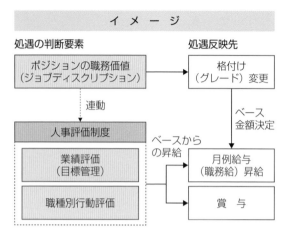

概　要	イ　メ　ー　ジ
■ジョブディスクリプションと連動した業績評価と職種別行動評価を実施 ■人事評価結果を昇給・賞与に反映	

行動規範を社員に意識させることも可能になります。その一方で、同一ポジションでも属人のパフォーマンスを加味した評価昇給が発生するため、職務等級人事制度の原理原則的な考え方からは若干変則となります。

　なお、定性評価を実施する場合は、従来のメンバーシップ型企業で取り入れられてきた情意評価（真面目さ・協調性・積極性等）は一切不要です。ポジションの遂行度をチェックする上で恣意性が入りやすく、客観性に欠けるためです。

[3]ノーレイティングという選択肢

　ノーレイティングとは、評価ランクをA評価、B評価……のようにランク化しない運用のことです。日本では5段階評価を採用している企業が多いですが、ノーレイティングを採用する企業は、半期・期末の一律的な評価ランク決定が不要になります。IT系企業の多くが本社を構えるアメリカ　シリコンバレーの企業が採用していることで2010年代後半から話題になりましたが、日本でもベンチャー・スタートアップ企業等を中心に、徐々にノーレイティングの考え方が浸透しているようです。

評価ランクがない中で、どのように社員の報酬額を決定するのかイメージが湧かない方も多いと思います。職務等級人事制度でノーレイティングを採用するのであれば、職務価値による格付けで年間の報酬が決定する仕組み（人事評価ランクを根拠に昇給・賞与額が直接変動しない年俸制等）の採用が考えられます**[図表8−3]**。あるいは欧米の企業のように、事業部門のマネージャーの裁量で昇給・賞与等を決定する仕組みにすれば、評価ランクがなくても運用が可能となります（第9章で詳述します）。

ここで勘違いしやすいのですが、ノーレイティングは期末のランク付けを行わないだけであり、「人事評価そのものを全くしない」というわけではありません。具体的には、報酬反映でなく業績管理・動機づけ等を主目的とした目標管理制度（OKR等）を運用することになります。

この方法は職務等級人事制度のコンセプトに最も合致します。また、半期や年度単位で評価ランクを確定する必要がないため、後述する高頻度・随時見直しの人事評価への移行が容易です。一方で、人事部門・事業部門ともに人事評価・報酬マネジメントの運用が最も難しい仕組みといえます。

図表8−3 *ノーレイティング*

概　　要	イ　メ　ー　ジ
▤格付けと同時に年間の報酬が決定する ▤あるいは現場裁量で昇給等を決定する ▤報酬反映のためが主目的ではなく、業績管理・動機づけ・次年度格付けの参考などのために目標管理制度を運用する	処遇の判断要素 → 処遇反映先 ポジションの職務価値（ジョブディスクリプション） → 格付け（グレード）変更 ↕連動 人事評価制度 目標管理（OKR等） → 参考 → 月例給与（職務給）／賞　与 ※期末の評価ランク決定は行わない

　職務等級人事制度の人事評価を運用する上では、前述した四つの視点（①ポジション起点の評価、②自律的なキャリア形成・成長の支援、③計画・プロセスの重視、④フィードバック機会の充実）が必要になりますが、その実現に向けて工夫すべき施策を紹介します。

[1]ジョブディスクリプションに基づく絶対評価

　「ポジションの期待値を軸にその遂行度を評価する」ということは、人材同士の相対比較を重視した人事評価から脱却する必要があります。従来の日本型経営の企業では、昇給・賞与原資分配の観点から、事業部門や階層ごとに評価グループ（いわゆる「バスケット」）をつくり、厳しい評価分布規制を強いている例が多く見られます。また、昇格を狙う年次に至った人材には昇格要件に見合った評価ランクを与える必要があるため、上司は「結果からの逆算」で高評価を付ける傾向があります。その人材の影響で同じバスケット内に十分な貢献をしているにもかかわらず標準評価以下になる層が出現し、人事評価制度（あるいは上司）の信頼性が低下することになります。

　ポジション起点の人事評価制度では、期待値に基づく絶対評価を行い、評価基準をねじ曲げない運用が原則となります。昇給・賞与ファンドに対して人事評価結果が想定より上振れした場合は、人事評価ランクではなく分配額そのものを調整することになります。

[2]SMARTな目標設定

　従来の目標管理制度では、評価指標別の純粋な達成度で結果を評価するのではなく、目標達成への関わり方や経過の努力も含めた「総合評価」的なアプローチで達成度判定をする企業が散見されます。その多くの場合において、目標設定で「何をやるべきか」のテーマは決まっていても、

「具体的にどこまでやればよいか」を曖昧なまま運用をしていることが原因となっています。

　ポジション起点の人事評価制度では目標設定のテーマのみならず、「達成基準」を明確にすることが必須になります。曖昧さを排除し、期末に上司と部下で達成度を確認しやすくするためには、目標設定の質を上げる必要があります。適正な目標テーマと達成基準を設定する上では、「SMARTの法則」という五つの視点（SMARTは以下①～⑤のとおり、五つの英単語の頭文字をつなげたもの）を活用することが効果的です。これは職務等級人事制度の導入是非にかかわらず重要な視点です。「SMARTの法則」については、管理職に目標設定スキルを定着させるために評価者研修等で時間を割いてトレーニングする企業が多いですが、本書ではエッセンスだけ紹介しておきます。

①Specific（具体的な目標か）

　目標のテーマ、達成基準、目標達成のためのプロセスが具体的に表現されているかを検証します。計画段階で目標の範囲が特定されていれば達成に向けて取り組みやすくなる、という効果もあります。

②Measurable（測定可能な目標か）

　会計指標や生産効率等の定量的な目標の場合は、金額・数量・改善率等が計測できるように設定されているかを検証します。また、目標は必ずしも定量的に設定する必要はありませんが、「マニュアルを整備する」「システムを導入する」等の定性的な目標の場合は、達成基準が曖昧になりやすくなります。定性的な目標を掲げる場合、その達成基準の表現が判断可能なように工夫されているかを確認します。具体的には、評価期間で達成すべき品質や状態の基準を詳細に定義することになります。

③Achievable（達成可能な目標か）

　目標が「安易に達成可能か」ということではなく、「少し背伸びした状態（ストレッチ）で達成可能か」を検証します。その際、必ず達成をするために目線の低い目標・達成基準になっていないかを確認してくだ

さい。

④Relevant（関連性のある目標か）

　組織の年間目標やジョブディスクリプションの主な職責と関連する目標になっているかを検証します。特に当該ポジションの責任・権限の範囲でコントロールできる達成基準になっているかを確認してください。自責が及ばない範囲で目標設定をする場合、達成に向けた期中の取り組みが想像できない状況になります。また、結果として目標が達成できなかったときにモチベーションを毀損してしまいます。

⑤Time-bound（期限が明確な目標か）

　目標を達成する時期が明確になっているかを検証します。また、達成に向けたプロセスが明確化されていることも重要です。

［3］ストレッチアサインメント

　ポジション起点で実績を評価するためには、期初段階の業務の計画・割り当て（アサインメント）が極めて重要です。期末段階での印象で評価するのではなく、アサインメントに対する達成度合いを測定の上、評価すべきということは前述のとおりです。

　ストレッチアサインメントとは、人材育成のために、現在の力量では達成が難しい役割や業務を任命することです。例えば、管理職であれば、プロジェクトのリーダーに任命したり、新規のミッションを担わせたりします。背伸びした役割・業務をこなすことで、悩み考えながら、新しいスキルや問題解決能力を身に付けます。当然、上司による適切なサポートが必須ですし、度を越した運用にならないようにしなくてはなりません。仕事の質や責任はストレッチさせながら、仕事の量を与え過ぎないようにする工夫が必要です。

［4］1on1・リアルタイムフィードバック

　従来の目標管理制度では、半期または通期に1回の評価面談で評価結

果のフィードバックをすることが通常です。期中に中間レビュー面談を実施するケースもありますが、四半期に１度のタイミングで実施する場合がせいぜいでしょう。

　その傍らで、2010年代の半ばごろから日本のビジネス界で「１on１ミーティング」という言葉を耳にするようになりました。上司・部下の１対１で定期的に行う面談のことで、通常、週次や月次等で高頻度の面談を実施します（そのため期末の人事評価面談とは位置づけを別にするケースが通常です）。当然、主な議題は問題解決の「結果」でなく「プロセス」であり、部下の相談したいことに寄り添う姿勢でカジュアルな場づくりと話し合いをします。単に、部下の活動に細かく介入をすればよい、ということではありません。部下に心理的な安心感を与えながら、成長のために必要な支援を行います。

　また、「リアルタイムフィードバック」という言葉が注目されています。内容は読んで字のごとく、都度、時間を空けずにフィードバックをするということです。そうすることで、人材育成の精度を高めていきます。１on１の機会を利用することのほか、グループウエアのチャット機能やタレントマネジメントシステム等で、日常から高頻度のコミュニケーションをしていくことが有用です。

　最近は、半年たてば事業環境がガラッと変わってしまう業界も見られ、変化に対して目標や働き方を柔軟に見直すことが求められます。期末の人事評価の納得度を高めるためにも、日常から上司・部下間で目標の進捗に対する会話量を増やすことや、フィードバック内容のログ（履歴）をとっておくことが重要になります。

　なお、GoogleやFacebook（現 Meta）が導入していることで知られるOKR（Objectives and Key Results）は、ストレッチアサインメントやリアルタイムフィードバックを実装した目標設定手法であり、昨今、日本企業でも話題になっています。従来の目標管理（MBO）が期末の達成度を重視することに対し、OKRでは経過での目標の進捗度を重視しま

す。前述のノーレイティングとの親和性もあるため、職務等級人事制度を設計する際、OKR導入を検討してみるのもよいと思います。

4 多面的なフィードバックを得るための施策

　ここまで職務等級人事制度における人事評価制度の運用の説明をしてきましたが、一層の成長支援やエンゲージメント向上の目的で、多面的なフィードバックを得るための補完施策を実施する例が増えています。繰り返しになりますが、「直属上司のみが半期に１度、査定のために人事評価をしている」企業は、評価マネジメントのステージを次に進める必要があります。各企業でさまざまな工夫を凝らしていますが、代表的なものとして「360度評価」「人材アセスメント」「称賛ツール・ピアボーナス」の仕組みを紹介します。

[１]360度評価

　360度評価とは、上司だけでなく同僚や部下等さまざまな立場からの評価を実施する施策で、「多面評価」とも呼ばれます。働き方が多様化する中、社内で仕事の調整相手となる部署や、組織横断プロジェクトのメンバーからもフィードバックを得られる仕組みとなります。手法自体は古くからあるものですが、HR分野のクラウドサービスの普及とともに、ここ数年で急速に浸透してきている印象です。

　一昔前の360度評価の運用でいえば、例えば、部長以上の上級管理職のみを対象に厳格な点数化を行い、昇格査定やハラスメント防止等のためにデータを集めていた企業も多くありました。対象者にとって緊張感のある施策であるとともに、モラルハザードを注視しなければいけないケースもあり、コンサルティングの現場では360度評価の導入に二の足を踏む企業も多かった印象です。

　しかし昨今では、点数化よりもフィードバック重視で、カジュアルに

360度評価を活用する企業が多いようです。処遇に活用する「評価」ではないという意味合いで、「360度フィードバック」という表現で施策を導入するケースをよく見るようになりました。対象者を上位職層だけでなく一般社員にまで拡大する企業も増えています。職場の全員がお互いの仕事や成長に関心を持ち、「フィードバックは成長のために不可欠なもの」と捉えて施策を進める姿勢が重要になります。

[２]人材アセスメント

　成長のための「気づき」を効果的に得るためには、人材アセスメントを活用することが有効です。アセスメントの専門家（アセッサー）のフィードバックや適性検査の結果を人材育成やサクセッションマネジメントに取り入れます。「対象者自身も気がついていない活躍の可能性を発見する」「成果につながる行動特性を明らかにする」等、人材アセスメントの効用はさまざまですが、企業の課題意識や職層別に必要な視点に応じてさまざまな施策を実施します。特にサクセッションマネジメントにおいては、幹部ポジションの任免に際して、社外の類似ポジションを担う人材と比較した評価を客観的に把握する目的でも有用になります。

　例えば、次世代リーダー育成をテーマに行う場合は、アセスメント研修を含めた長期の観察を行う方法があります。人事部門としては対象者のデータを集めるとともに、対象者個人としてはアセッサーから定期的なフィードバックを得て弱みを克服する機会とします。

　現在、人材アセスメントを導入していない企業が実施する場合、通常は外部のベンダーと協業することになります。そのため追加のコストがかかってしまいますが、社員に自律型人材への転換を求めるのであれば、「人材が自分で変わる機会を提供する」ために積極的な投資を行っていくべきでしょう。

[3]称賛ツール・ピアボーナス

　社員のやる気を引き出すためのフィードバックとして、「褒めること」の重要性が盛んにいわれるようになりましたが、社内SNSやタレントマネジメントのクラウドサービスで「称賛」に着目したツールが流行しています。社員同士がお互いの行動・貢献に感謝や尊敬の意を表し、それをツール上でフィードバックしていく仕組みです。前述の1on1やOKRとも親和性のあるもので、エンゲージメント向上や組織活性化のために活用する企業が徐々に増えてきています。

　そういった「称賛の積み上げ」をポイント化し、賞与等の特別報酬に還元する「ピアボーナス」という仕組みもあります。当然、「称賛」を金銭インセンティブとして現金化すると、それを得るためだけに行動する等の派生的な問題が起きるおそれがあります。そのため、企業によってはこの仕組みがうまく機能するイメージを持てないかもしれませんが、社員の組織貢献に対する意欲を高める上では、ユニークかつ力強い施策であるといえます。

　職務等級人事制度に必須の機能ではありませんが、これからジョブ型人材マネジメントへの移行を検討する企業では、将来の「ありたい組織風土」を目指すための一つの手段として、称賛ツールの導入を検討するのもよいでしょう。

第9章

報酬制度

第9章では職務等級人事制度における報酬制度（月例給与・賞与・退職金等）設計のポイントを取り上げます。中高年社員の貢献意欲や生産性に問題を抱える企業では、年功序列賃金の廃止やメリハリのある報酬の実現のために、ジョブグレードに応じた基本給（職務給）を導入することが多々あります。

新卒で入社した社員が管理職までほぼ横並びで年次昇格する状況は、大企業の人件費マネジメントの構造的課題となっています。MURCのコンサルティングにおいても、職責に応じた処遇を導入し、中高年の賃金が高止まりする状況をどうにか打破したいと考える企業を数多く見てきました。むしろ、この問題を抱えない企業のほうが珍しいくらいです。

また、職務給を導入する理由の一つとして、同業他社の報酬水準に劣後しないように自社の水準を見直したいというニーズがあります。それを実現するには、外部データを基に報酬決定の枠組みや運用方法を検討する必要があります。

1 報酬決定マネジメントの担い手の整理

職務等級人事制度の場合、報酬テーブルの設計の議論を進める前に、報酬決定の担い手について整理をする必要があります。ほとんどの日本企業では人事部門が社員の報酬額を決定していますが、ジョブ型の人材マネジメントにおいては、人事部門から現場管理職に報酬の決定権限を委譲する方法が原則に基づく運用といえます。人事制度導入プロジェクトにおいても、現場に報酬の決定権限を付与するか／しないかの違いによって、その後の報酬設計の方向性が大きく変わります。

［1］人事部門から現場への権限委譲

　上述のとおり、ジョブ型の人材マネジメントの原理原則論に立てば、中央集権で人事部門が社員の採用や報酬管理を行う仕組みから脱却し、事業部門主体の運営にシフトすることが求められます。優秀な人材を確保する上では、マーケットの論理に基づいて各現場で報酬を決定するほうが機動的に判断できるためです。その場合、業績に応じて決められた部門別のファンドを配分する形で、事業部門の管理職が部下の昇給額・賞与額を直接決定することとなります。

　日本においても一部の外資系企業を中心に既にそのような運用をしており、ライン管理職の役割や裁量が日系企業と大きく異なることに驚かされます。これから制度改定を検討する企業では、忙しい現場管理職に報酬マネジメントの責任まで課してしまってよいのか、という点が非常に悩ましい論点になると思います。

［2］人事部門の役割の変化

　現場への権限委譲を実行する場合は、報酬決定マネジメントにおける人事部門の役割が以前から大きく変わります。報酬を決定する事業部門に対して、人事部は現場運用の枠組みとなるグランドルールを示し、各現場の報酬決定のモニタリングをする立場になります。

　具体的には、職種や職務等級別の報酬レンジの上下限額を示すのは、従来と変わらず人事部門の役割です。一方で、個々人の昇給額を決定する判断は、事業部門に委ねる形になります。ただし、事業部門に運用を委ねると、少なからず事業部間のバランスを損ねます。そこで人事部門には、各事業部の判断がグランドルールを大きく逸脱しないように調整する程度の介入は必要になります。しかし、厳しく平等性を追求してしまえば現場に決定権を委譲する意味がなくなりますので要注意です。

　DX人材等、採用需給の関係で希少性の高い職種の場合は、現場判断で特別な報酬を支給することを許容せざるを得ないかもしれません。そ

ういった場合は、現場と人事部門で協議の上、特例対応を実施すべきか決定します。従来は平等性の観点で例外判断を認めてこなかった企業も、ジョブ型の人材マネジメントを目指す上では、事業部門の円滑な人材活用にプライオリティを置き、既存の社員間の処遇バランスから切り離して重要ポジションの処遇を判断する視点が必要になります。

[3]権限委譲が困難な場合の考え方

　職務等級人事制度を導入するケースであっても、結論として「現場に報酬決定の権限を委譲するのが難しい」という判断をする企業も多くあります。断念する理由としては、「職場間の平等性が損なわれるため」「現場の恣意的な運用逸脱を防止するのが難しいため」という点がまず挙げられます。また、これまで部下の報酬を決定したことがない現場管理職に対して「いきなり報酬決定の責任を担わせることが難しい」という懸念もよく聞かれます。部門別の管理会計が精緻化されていない企業の場合は、組織別にファンドを配分するスキームを整えるのも困難でしょう。

　ただし、現場主体の報酬決定マネジメントに転換できないからといって、「職務給を導入する意味がない」ということではありません。可能な範囲で「現場の意思を反映する」視点を織り込むことができれば、改定の目的に沿った報酬制度を運用できます。例えば、「月例給与はジョブグレードに応じて人事部門主導で決定するが、賞与は事業部門による配分を行う」等、各企業で現実的な落としどころを検討することが重要でしょう。

2　想定年収水準の検討

　報酬マネジメントの担い手が決まったら、制度設計を進めることになります。まず、具体的な月例給与・賞与の支給方式を検討する前に、各職務等級・ポジションの目安となる年収水準を検討します。目安となる

年収水準を設定する上では、外部公平性と内部公平性の双方を勘案する
必要があります。

[1]外部公平性

　ジョブ型の人材マネジメントでは、社外からの有能な人材の獲得や定
着を促進するために、外部労働市場の水準を参照して報酬を設定する視
点が求められます。職種やポジションによっては、社外水準と自社水準
との乖離（かいり）を埋める形で報酬額を補正します。自社の賃金が低い場合、世
間水準に合わせることで総額人件費が上がってしまいますので、当然、
コスト面では経営にとってマイナスの施策となります。一方で、特定の
職種の人材を確保することが競争優位につながる企業では、報酬を上げ
る判断がむしろ賢明な選択となります。特に事業の推進に重要なポジショ
ンや希少性の高い職種等は、ベンチマークとなる他社水準を活用した報
酬設定が有効になります。

　具体的には、統計・報酬サーベイ等の外部情報を活用し、業種や職種・
役職別の水準等を把握します。日本の労働者に関して、無料でダウンロー
ドできる大規模な統計としては、厚生労働省の賃金構造基本統計調査が
あります。データの性質上、年齢別の報酬情報が充実していますが、職
務給の設計においては「業種」や「役職」の軸が重要なのであり、「年
齢」の軸は重きを置く観点とはなりません。

　他方、当該統計は国内労働者の「（就労企業の産業分類としての）業
種」を主体に調査されており、「（就労者の）職種」「海外情報」という観
点では参考にする上で限界があります。その場合、民間の調査会社やコ
ンサルティングファームが行っている報酬サーベイを利用することで、
参照すべき詳密な情報を得られるケースがあります。

　特にグローバルで処遇を検討する場合、各国情報の収集は必須の観点
です。一方で現状の日本企業では、いまだ多くの業界で職種別に細かく
報酬を設定している例は少なく、職種や職階別の水準データが自社の適

正な報酬設定にどれほど有効かはわかりません。とはいえ、データが充実しているに越したことはないため、購入費用との兼ね合いで情報収集をするとよいと思います。

　また、人材獲得競争が激しい業界や転職の多い業界では、転職エージェント企業や社内のキャリア採用者等から、個別に同業他社の採用水準を調査することも可能です。口コミの情報だけでは的確な報酬水準を設定できない場合もありますが、限られた範囲でもデータを把握するのは報酬政策を決める上で重要なプロセスとなります。

［2］内部公平性

　上記のとおり、外部水準に見合った報酬額を検討することは重要ですが、人事部門の実務として移行をスムーズに実施する上では、社内の現状の年収水準を意識しなければいけません。とりわけ、外部からの人材調達を特別重視しない業界であれば、職種別に区分された細かい報酬水準を設定する必要もないといえます。実際、多くの日本企業においては「世間水準を参照」しながらも、「世間水準に一致」させるように報酬を決定しているわけではありません。

　そのため、職務等級人事制度を導入する際も、社内の人件費構造や内部公平性に即した報酬制度を検討していくことが求められます。人件費の規模や各ポジションの水準感については各社各様なので解説を割愛しますが、内部公平性の観点での具体的なチェックポイントは、以下のとおりです。

①社員の最高水準

　従業員としての最高年収が現行の人事制度と同等でよいか／上げる必要があるかを検討します。特に、社員のトップ層について、役員・執行役員の報酬を上回る水準とすべきか／下回る水準とすべきかを決めるのは重要な論点です。業界や企業によっては考えにくいかもしれませんが、事業の成功のためには、特殊な専門性を持つ重要なポジションに対して、

平均的な執行役員以上の年収を支払うことも視野に入れなければなりません。

②ライン管理職と非ライン管理職の差

　同一職種のライン管理職と非ライン管理職（レポートラインの長ではない管理職）とで、どのように報酬差を設けるべきかを検討します。職能資格制度においては、ライン管理職と非ライン管理職がほぼ同じ報酬水準であるケース（例えば、基本給は両者共通で、ライン管理職のみに少額の役付手当が付いているケース）が見られます。自社でライン管理職を重要なポジションとして位置づける場合、モチベーションを持って職責を遂行してもらうためにライン管理職の報酬を大きく引き上げること（例えば、非ライン管理職比で年額数百万円単位の違いを設けること）も選択肢の一つです。

　その一方で、人件費に課題のある企業では、非ライン管理職の報酬水準を現状比で抑えて、全体の原資を再配分する考え方が必要になります。さらにいえば、「非ライン管理職」という存在自体がメンバーシップ型雇用の副産物ともいえ、ジョブ型の人材マネジメントを導入するのであれば、本来は不要なポジションになります。そのため、非ライン管理職を廃止すべきか、あるいは待命者ポジションのために存置すべきか等、要否について本質的な検討をすることを推奨します。

③管理職最低水準と一般社員最高水準の差

　職務等級人事制度に限らない論点ですが、属人給（年齢給・勤続給等）の影響で管理職と一般社員の年収水準が逆転していないかを確認します。特に残業が多い会社では、一般社員に時間外手当を加算した場合、一部の初級管理職の年収水準を上回る現象がよく見られます。労務コンプライアンスや管理職のモチベーションに配慮する上で、報酬水準の逆転を回避する設計に（特に管理職に昇格する際に手取り報酬が下がらないように）改めることが重要です。

3 月例給与（職務給・諸手当）

　ポジションの目安となる年収水準の想定ができたら、職務給のテーブルを検討することができます。想定年収から標準的な賞与額を差し引いた部分（厳密に説明すると、それを12カ月で割った水準）が月例給与になります。原則的には、職務等級制度において設計した職務等級に基づき職務給のテーブルを検討します。職務給を新しく導入する際は、多くの場合、これまでの基本賃金（年齢給・職能給・評価給等）と役付手当を原資として設計します。

［１］職務給の導入範囲

　職務等級を導入してジョブ型人材マネジメントを推進する上では、基本賃金と役付手当を統合して職務給のみに切り替えることが理想的ですが、日本企業においては従来の職能資格制度の賃金（職能給等）に職務給を部分的に取り入れるケースもあるので、「①完全職務給型」と「②ハイブリッド型」を紹介します**［図表９－１］**。

①完全職務給型

　［図表９－１：左］のように、基本賃金を職務に応じた報酬（職務給）のみにする方法です。職務価値と職務給が完全に連動しますので、年齢や保有能力にかかわらず、ポジションの高低によって報酬水準が決まります。

　下方硬直的な賃金運用から脱却する上で有効な方法ですが、社員から納得感を得るためには、職務評価で職務価値の違いを精緻に把握することが前提になります。ジョブ型の人材マネジメントにおいて理想的な仕組みですが、社員が低いポジションに配置転換すると降給してしまいます。そのため、異動・配置の枠組みを抜本的に変えないと運用しにくいという印象があるかもしれません。

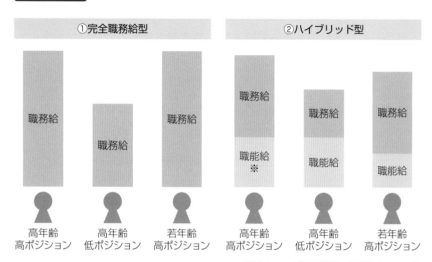

図表9−1 職務給の導入範囲

①完全職務給型

職務給（高年齢 高ポジション）
職務給（高年齢 低ポジション）
職務給（若年齢 高ポジション）

②ハイブリッド型

職務給／職能給※（高年齢 高ポジション）
職務給／職能給（高年齢 低ポジション）
職務給／職能給（若年齢 高ポジション）

※一般論として、年齢と職能給に相関性があるという前提で図を記載していますが、職能給は「能力」により支給する賃金項目なので、本来は年齢によって支給額が決まる仕組みではありません。

②ハイブリッド型

　[図表9−1：右]は、第7章で説明したダブルラダーの等級制度を採用する場合（一部、職能資格制度を残す場合）に導入する報酬支給パターンです。個人の能力ベースの職能給とポジションベースの職務給の2種類が基本賃金の構成となります。導入の効果は、「①完全職務給型」に比べて中途半端と言わざるを得ません。とはいえ、従来の賃金運用に少しでも変化をもたらすために、この方法を採用するケースが見られます。

　「②ハイブリッド型」を採る場合、導入の狙いに応じて、「職務給：職能給」の比率を調整して構成を決定します。ただし、職務価値と報酬額の連動を機能させるためには、職務給部分の変動幅を大きく設定する必要がある点に留意すべきです。職能給の割合が過度に大きい場合、従来の役付手当と新設する職務給の位置づけがほとんど変わらなくなるためです。

また、「②ハイブリッド型」は等級制度を職務等級・職能等級の2系統で管理する前提であり、職務給と職能給の昇給方法も別々に定める必要があるため、仕組みが複雑化します。人事実務において2系統を区別して運用するのも容易ではないため、「①完全職務給型」の導入が難しい場合の次善の策として位置づけるとよいと思います。

[2]賃金支給方式

　「ジョブ型の報酬制度」と耳にすると、ポジションによって900万円や1000万円等の固定の年収額が決まる方法をイメージする方もいるかもしれません。しかし実際はその限りではなく、職務給テーブルの設計方法には幾つかパターンがあります。評価昇給の有無や人事評価の反映方法によって報酬管理方式が異なりますので、代表的なものを以下に紹介します（詳細は後述します）。

①シングルレート型
②評価別洗い替え型
③レンジレート型
④メリット・インクリース型
⑤ノーレイティングの昇給運用

　なお、以降の設計技術の概要は、現在職能資格制度を導入している企業が前述の「①完全職務給型」の職務給を導入する前提で解説します。

①シングルレート型

　[図表9−2]は、職務等級によって固定の職務給が支払われる「①シングルレート型」です。ポジションに応じて厳格に職務給が定義されますので、上位ポジションへ転換しない限り水準は同額となります。

　人事評価による昇給・降給を一切実施しない場合や、人事評価による賃金増減を賞与のみに反映する場合に採用し得る方法です。「椅子の値段」で処遇が決まり、人によっては長期間昇給しないことも当たり前の状況になります。そのため、現状において年功的な賃金制度を運用して

図表9－2　シングルレート型の職務給設計例

テーブル設計イメージ

職務等級	金額（円）
Ⅴ等級	650,000
Ⅳ等級	600,000
Ⅲ等級	560,000

昇給イメージ

ポジション転換

	職務等級	前年評価	金額（円）
1年目	Ⅳ等級	B評価	600,000
2年目	Ⅳ等級	S評価	600,000
3年目	Ⅳ等級	A評価	600,000
4年目	Ⅴ等級	B評価	650,000

人事評価結果にかかわらずポジション転換をしない限りは同額

いる企業では劇的な変化が見込まれるため、制度移行が難しいパターンといえるかもしれません。

②評価別洗い替え型

　[図表9－3]は、職務等級に応じたベースの職務給（図表内のB評価額）が決まっている中で、人事評価の結果次第で毎期アップダウンをする「②評価別洗い替え型」です。ポジションにより定義されている水準帯の範囲で、人事評価ランクに応じて処遇にメリハリがつきます。

　例えば、同じ職務等級の中で毎年B評価であれば職務給は変動しませんが、そこからA評価になると賃金が上がります。さらに、その後にB評価に戻ると賃金が下がることになります。職務価値で厳格に報酬額が決まる「①シングルレート型」と構造は似ていますが、ポジションの遂行度合いを職務給に反映したい場合に採用し得る方法です。

③レンジレート型

　[図表9－4]の「③レンジレート型」のように、職務等級人事制度の場合においても同一等級で完全に同一額とせず、職務等級に応じた報酬の幅（＝報酬レンジ）を設定することもあります。報酬レンジが存在するということは、同一のポジションの中でも毎期の働きぶり等によって昇給する、ということになります。「椅子の値段」で処遇するコンセプト

図表9－3 評価別洗い替え型の職務給設計例

テーブル設計イメージ

職務等級	評価ランク別金額（円）　※Bが標準				
	S	A	B	C	D
V等級	685,000	667,500	650,000	632,500	615,000
IV等級	630,000	615,000	600,000	585,000	570,000
III等級	586,000	573,000	560,000	547,000	534,000

前年の人事評価結果により該当等級の評価テーブルの金額に毎期改定（洗い替え）

昇給イメージ

	職務等級	前年評価	金額（円）
1年目	IV等級	B評価	600,000
2年目	IV等級	S評価	630,000
3年目	IV等級	A評価	615,000
4年目	V等級	B評価	650,000

（3年目から4年目にかけて「ポジション転換」）

にはやや整合しない仕組みですが、「昇給がある仕組み≠職務等級人事制度」というわけではなく、設計の選択肢の一つとなります。

　具体的には、職務等級別の上限額・下限額が定義されており、毎年の評価結果に応じて定められた昇給額（または率）の分だけ昇給します。言い換えると、同じ職務等級にとどまっても、報酬レンジの上限までは昇給が可能な仕組みといえます。[**図表9－4**]のように評価が不芳の場合には降給となる設計方法もありますし、評価不芳時の降給がないケースもあります。

　「①シングルレート型」や「②評価別洗い替え型」と比べて、年功的な賃金運用をしている企業にとって最も移行がしやすいパターンといえます。とはいえ、ポジションが変わらない人材に昇給の機会を与え続ける

図表9−4 レンジレート型の職務給設計例

テーブル設計イメージ

職務等級	報酬レンジ（円）		評価ランク別昇給額（円）				
	下限額	上限額	S	A	B	C	D
Ⅴ等級	630,000	690,000	9,000	6,000	3,000	0	−3,000
Ⅳ等級	580,000	630,000	7,500	5,000	2,500	0	−2,500
Ⅲ等級	540,000	580,000	6,000	4,000	2,000	0	−2,000

各等級×評価ランク別に昇給額が決定されており、報酬レンジの上限までは評価ランクに応じた昇給額が積み上がる

昇給イメージ

	職務等級	前年評価	昇給額（円）	金額（円）
1年目	Ⅳ等級	—	—	600,000
2年目	Ⅳ等級	B評価	＋ 2,500	602,500
3年目	Ⅳ等級	A評価	＋ 5,000	607,500
4年目	Ⅴ等級	B評価	＋22,500	630,000

ポジション転換

ポジション転換後は下限額に飛び付く

63万円
Ⅴ等級
昇給
60万円
58万円
Ⅳ等級

のでは、そもそも職務等級人事制度を導入する意図と外れていってしまいます。貢献と処遇の一致を図る上では、報酬レンジの範囲を狭く設定するのがポイントです。

　その一方で、業界経験者のキャリア採用をする場合や会社主導の異動を行う場合は、報酬レンジの幅が広いほうが運用しやすいという見方もあるため注意が必要です。通常時に使用する報酬レンジと例外対応時に使用する報酬レンジを区別して設計する方法もありますので、**[図表9−5]**で紹介しておきます。

④メリット・インクリース型

　[図表9−6]の「④メリット・インクリース型」は、「③レンジレート

図表9-5 原則運用レンジと例外活用レンジ(イメージ)

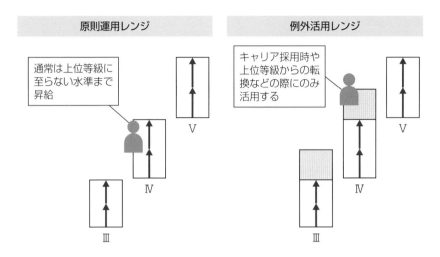

原則運用レンジ　　　　　　　　　　　　例外活用レンジ

通常は上位等級に至らない水準まで昇給

キャリア採用時や上位等級からの転換などの際にのみ活用する

型」の応用版です。この方法では、同一等級内の報酬レンジに三つから四つのゾーンを設定し、そのゾーン区分を境に昇給額の差を設けます。したがって、社員から見れば、現在の賃金額に応じて昇給額が変わり、上位ゾーンになるほど昇給が難しくなります。

　「④メリット・インクリース型」では、通常、マーケットの報酬水準を参考に各等級の中位額を設定します（その金額を結んだ線を「ポリシーライン」と呼びます）。長期的に各等級の現職者の職務給がポリシーライン付近に収斂するように、昇給額を設定するのがポイントです。
[図表9-6]では、レンジ中位までのゾーン①は定期昇給のように標準評価でも順調に昇給しますが、中位を上回るゾーン②では標準評価で「昇給ゼロ」、上位等級と水準が重複するゾーン③では標準評価でマイナスとなります。そのため、現在の報酬制度で「定期昇給が当たり前」となっている企業では、厳しい仕組みのように見えるかもしれません。しかしながら、「①シングルレート型」「②評価洗い替え型」に比べて社員視点で昇給の余地があり、「③レンジレート型」に比べると経営目線で水準抑制機

テーブル設計イメージ

職務等級	ゾーン	報酬レンジ（円）		評価ランク別昇給額（円）				
		下限額	上限額	S	A	B	C	D
V等級	ゾーン③	680,000	690,000	6,000	0	−3,000	−6,000	−9,000
	ゾーン②	660,000	680,000	12,000	6,000	0	−3,000	−6,000
	ゾーン①	630,000	660,000	18,000	12,000	6,000	0	−3,000
IV等級	ゾーン③	630,000	640,000	5,000	0	−2,500	−5,000	−7,500
	ゾーン②	610,000	630,000	10,000	5,000	0	−2,500	−5,000
	ゾーン①	580,000	610,000	15,000	10,000	5,000	0	−2,500

昇給イメージ

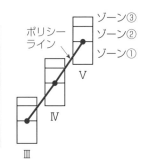

	職務等級	ゾーン	前年評価	昇給額（円）	金額（円）
1年目	IV等級	ゾーン①	—	—	600,000
2年目	IV等級	ゾーン①	B評価	＋5,000	605,000
3年目	IV等級	ゾーン①	A評価	＋10,000	615,000
4年目	IV等級	ゾーン②	B評価	0	615,000

ゾーン変更後に適用される昇給額テーブルが変わる

能が働くため、バランスが良く理にかなった昇給管理方式といえます。

⑤ノーレイティングの昇給運用

　第8章で説明したノーレイティングの人事評価運用（かつ評価昇給を実施する）の場合は、昇給額決定の根拠となる評価ランクが存在しないため、報酬マネジメントを事業部門に完全に委ね得る運用となります。具体的には、全社の昇給ファンドを部門に割り振り、部門別の昇給ファンドを各職場の上司に配分し、その中で（ガイドライン等に基づきながらも）上司が報酬レンジの範囲内で配分額を決定する方法となります。また、「⑤ノーレイティングの昇給運用」の採用が難しい企業（前述の

①～④の昇給方式を継続する企業）においても、標準評価や高評価時の昇給額を人事部門で固定化せず、収益や外部環境に応じて事業部門で調整可能とすることを検討してみてください。前述のとおり、現場に一定の決定権を委ねることができれば、よりジョブ型雇用の理念に沿った昇給運用が可能となります。

[3]諸手当の取り扱い

　職務等級人事制度の導入にかかわらず、「不要な手当は設定しないほうがよい」というのが人事管理の原則的な考え方です。特に属人的な生活関連諸手当はメンバーシップ型雇用の特徴でもあり、従前より人事制度改定をする際に縮小する傾向にあります（その分の原資を、業績配分の賞与ファンド等に回します）。ただし、手当支給を続けることが「悪い」ということではなく、エンゲージメント向上等の目的で必要な手当は支給を継続していくべきだと考えます。その一方で、価値観が多様化している中、エンゲージメントの維持・向上に効くか否かの判断も画一的ではありませんので注意が必要です。以下、代表的な手当の検討論点について考え方を整理します。

①役付手当

　職能資格制度における役付手当（「役職手当」「職位手当」等の呼称の場合もあります）は、廃止して職務給の原資に組み込むことが妥当です。職務給は役付手当の拡大版ともいえ、残しておくと支給意義が重複するためです。ただし、管理職層のみ職務給を導入する企業では、一般社員層の役付手当（係長手当・班長手当等）を存置するケースもあります。

②家族手当・住宅手当

　もともとの報酬水準が社内相対的に高い管理職の場合、生活関連手当は廃止して職務給や賞与の原資に組み込むのが自然な方法といえます。一方で家族手当・住宅手当は人材の定着のために機能しているという見方もあり、職務等級人事制度を導入する場合であっても、福利厚生の観

点で支給することも一案です。

③地域手当

　地域手当は大都市圏と地方の物価差等を勘案して支給されていますが、企業内で「同一のポジションに同一の賃金を支払う」というコンセプトを標榜(ひょうぼう)する場合は廃止を検討します。一方で、地域によってマーケットの報酬水準が明確に異なる場合は存置するのも一つの考え方です。

　また、今後はテレワークの定着により、都心部の就労拠点から離れた居住地を選択する社員が増えるかもしれません。就労拠点を基準に地域手当を支給する企業では、手当の設置意義や支給条件を再検討するとよいでしょう。

④資格手当

　業務に活用する公的資格等を保有する場合に月例手当を支給するケースが多く見られます。職務等級においては、あるポジションの遂行に必要な資格であれば、ポジションの職務価値算定に既に含まれている、という考え方が成り立ちます。ただし、重要な事業を推進する上で必須となる資格や難関資格の保有者等は、職務等級においても職務給と別枠で厚遇することも考えられます。なお、資格取得奨励の意味合いが大きい月例手当は一時金に切り替えることが妥当です。

⑤通勤手当・テレワーク手当

　毎日の通勤が必要な企業では、通勤手当は廃止せずに支払うほうが妥当といえます。ジョブ型雇用の原理原則を突き詰めれば、「職務価値で決められた各自の年収から通勤費を賄う」という発想が考えられるかもしれませんが、現状の日本企業の環境では、採用競争力維持の観点で通勤手当の廃止はお勧めできません。

　一方で、職務等級人事制度と直接の因果関係はありませんが、テレワークを導入して毎日通勤する必要がない企業では、通勤手当を廃止して「テレワーク手当」で代替するケースも増えています。その際は通勤があった場合のみ実費で支払います。

4 賞与

　賞与制度は月例給与に比べて設計の自由度が高く、支給方式は企業によって千差万別です。職務等級人事制度においてもさまざまな支給ケースが考えられますが、ポジション基準の処遇の理念に照らすと、「生活保障の意味合いが強い賞与配分を減らし、業績分配のウエートを高める」ことが一般的な考え方になります。

[1]業績ファンド決定プロセス

　毎年固定的に賞与を支給している企業や社員の標準支給月数の積み上げで賞与原資を確定している企業は、職務等級人事制度の導入に合わせて業績連動賞与の導入を検討することを推奨します。特に事業部門に賞与額決定の裁量を付与する場合は、組織別の業績ファンドを設ける必要があります。誌面の関係上、詳述することはできませんが、以下にポイントを解説します。

①ファンド決定の組織単位の検討

　賞与原資決定に当たって、ファンドの対象範囲とする組織単位を決定する必要があります。現場管理職に報酬決定の裁量を与えるためには、課・グループ等の小さな組織単位でファンドを設ける必要がありますが、単位が細か過ぎると管理・運用が煩瑣になり、「自分の部署さえよければいい」という発想を助長する懸念があります。管理会計の組織区分と大きく関係しますので、日本企業では事業本部・部単位の配分が一般的だといえます。

②あるべき支給水準の検討

　標準的な支給水準（従来でいう標準支給月数）や、業績が上振れしたとき、下振れしたときの増減の度合いを検討します。最高支給時の上限水準（キャップ）や、最低支給時の下限水準（最低保証額）を設定する企業もあります。

③業績評価指標の検討

　組織業績を判断する際の指標を検討します。損益計算書（P/L）の指標であれば、営業利益・経常利益等の利益指標を用いるケースが多いようです。そのほか、企業の戦略に応じて、ROA（総資産利益率）・利益率等の指標や独自のKPIを用いることも考えられます。シンプルに単独の指標のみを活用する方法もありますし、複数の指標を組み合わせて評価の上、ファンドを決定する方法もあります。

④指標の達成基準の検討

　③で設定した評価指標に対して、「どのような状態になったらファンドが増減するのか」を検討します。特に達成基準を「前年比で見るか／予算比で見るか」で経営のメッセージが変わってきます。経営計画・ミッションの遂行度による分配を強調するには予算比で支給するほうが合理的です。他方、社員の努力による業績の伸びを評価する上で、前年比の評価も組み合わせて業績ファンドを決定する例もあります。

　また、「部門収益目標の達成超過額のＸ％」というように、収益の絶対額に基づく業績還元インセンティブを支給する方法もあります。

⑤業績反映タイミングの検討

　当年度業績を翌年度の賞与に反映する考え方がシンプルですが、より時価主義的な趣向を強めるのであれば、当年度の見込み業績を期末賞与として期中に分配する方法も考えられます（この場合の技術的な解説については本書では割愛します）。

［２］賞与分配プロセス

　業績賞与ファンドの決定ルールが確定したら、個人への分配方法について検討することになります。賞与用の評価ランクを設けるか等、人事評価制度の枠組みと密接に関係しますが、本書ではオーソドックスな５段階の評価ランクを活用する前提で説明します。

①業績ファンドの割合の検討

　前項では組織別の業績ファンドの説明をしましたが、職務等級・評価に応じた定額配分（会社で一律の支給部分）を設けることもできます。ポジション別に基準年収を設けて報酬支給のマネジメントをする際、分配の安定性を保つためには、業績ファンドのみの賞与構成としないほうが運用しやすいといえます。

　[図表9－7]で示すとおり、業績ファンドの割合が高ければ高いほど収益に応じた支給額の流動性が高く、定額配分の割合が高いほど安定性が高い仕組みとなります。そのため、やや複雑化しますが、それらを組み合わせて支給する方法を推奨します。また、[図表9－7]の中段のようにロー・パフォーマーに対しては定額分配のみの支給として、業績ファンドは標準評価者以上のみに配分とするという考え方をとることもできます。

②テーブルの検討

　定額部分の賞与を支給する場合、「月数乗率制」で支給している企業は「評価別テーブル制」に改定することを推奨します[図表9－8]。「評価別テーブル制」は、同一の職務等級・評価結果であれば同一の金額となるため、ポジション起点での公平感が保たれます。

　業績ファンドの配分は、完全に事業部門に委任するケースもあれば、一律支給部分と同様に評価ランク別の緩やかなガイドラインを設けるケースもあります。その際、[図表9－8：右]の「ポイント制」のイメージのように、テーブルの金額そのものではなく等級・評価に応じた支給比率をあらかじめ決めておきます。業績が増減したときに必ずファンドの枠内で支給できるようにするためです。

　前章で述べたとおり、職務等級人事制度では絶対評価での人事評価運用が原則となるため、評価の上振れに注意して運用をします。ただし、評価基準を達成している社員に対して不当に低い評価を付けるべきではありません。「ポイント制」の支給枠組みにしておけば、評価が上振れし

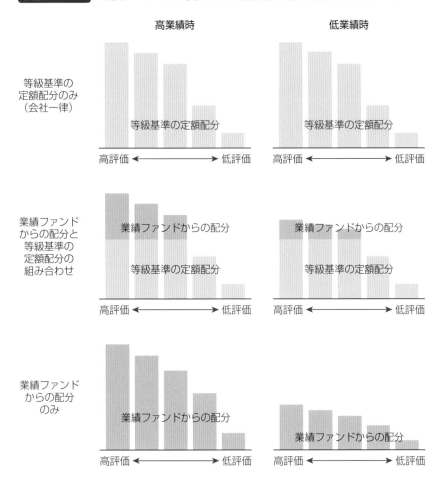

図表9－7 業績ファンドと等級基準定額配分の組み合わせのイメージ

高業績時　　　　　　　　　　低業績時

等級基準の
定額配分のみ
（会社一律）

等級基準の定額配分　　　　　等級基準の定額配分

高評価 ←──→ 低評価　　　高評価 ←──→ 低評価

業績ファンド
からの配分と
等級基準の
定額配分の
組み合わせ

業績ファンドからの配分　　　業績ファンドからの配分

等級基準の定額配分　　　　　等級基準の定額配分

高評価 ←──→ 低評価　　　高評価 ←──→ 低評価

業績ファンド
からの配分
のみ

業績ファンドからの配分　　　業績ファンドからの配分

高評価 ←──→ 低評価　　　高評価 ←──→ 低評価

た際には分配額（ポイント単価）を圧縮することで対応できます。

　また、特に事業の成長に貢献した対象者や希少性の高い人材について
は、通常の支給枠組みとは別に賞与を加算するケースもあります。上述
の業績ファンドとは別に、経営層や事業部門長が調整できる特別ファン
ドを設けておくと柔軟に支給額を決定できます。

図表9-8 賞与支給方式の類型

	月数乗率制	評価別テーブル制	ポイント制
イメージ	標準月数あり 基本給 × 標準月数 × 評価係数 〈評価係数〉 S:1.2 A:1.1 B:1.0 C:0.9 D:0.8	標準月数なし S A B C D G4 ¥XX ¥XX ¥XX ¥XX ¥XX G3 ¥XX ¥XX ¥XX ¥XX ¥XX G2 ¥XX ¥XX ¥XX ¥XX ¥XX G1 ¥XX ¥XX ¥XX ¥XX ¥XX	標準月数なし S A B C D G4 3.5 3.0 2.5 2.0 0 G3 2.6 2.3 2.0 1.7 0 G2 2.1 1.8 1.5 1.2 0 G1 1.2 1.1 1.0 0.9 0 支給総額がファンドの枠を逸脱しないように決定 → ポイント単価 ×
特徴	○安定しており、社員が支給額を予想しやすい ●業績にかかわらず硬直的 ●同一等級内の基本給の違いが賞与額にも影響する ●評価が上振れするとファンドに対して原資増となってしまう	○等級による期待レベルの差を支給額に明確に反映できる △業績に応じて支給額を調整できるが、テーブルの書き換えがある場合、不透明な仕組みとなる ●評価が上振れするとファンドに対して原資増となってしまう	○業績変動・評価分布に応じて必ずファンド内に収めることが可能 ○等級による期待レベルの差を支給額に明確に反映できる ●仕組みが他の方式と比較して複雑で、運用が煩雑

ここまで月例給与・賞与の制度設計のポイントを見てきました。理想的な職務給を設計しても、日本の労働法制下では、いきなり既存社員の給与支払い条件を無視して制度導入ができるわけではありません。すなわち、社員の労働条件の不利益変更に配慮して、一定の激変緩和措置を設けて導入することが必要になります。本節では、制度移行の方法や導入後の職務給運用のポイントについて、簡単に触れておきます。

［1］制度移行の方法

特に自社の現状制度と新制度の設計に乖離が大きい場合、シミュレーションをしながらさまざまな移行スキームを検討する必要があります。代表的な移行方法としては、「①完全移行パターン」と「②段階移行パターン」に大別されます［図表9－9］。

図表9－9　制度移行のパターン

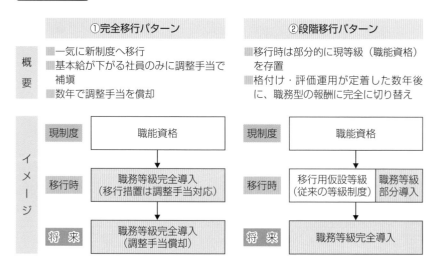

	①完全移行パターン	②段階移行パターン
概要	■一気に新制度へ移行 ■基本給が下がる社員のみに調整手当で補填 ■数年で調整手当を償却	■移行時は部分的に現等級（職能資格）を存置 ■格付け・評価運用が定着した数年後に、職務型の報酬に完全に切り替え

イメージ

	①完全移行パターン	②段階移行パターン
現制度	職能資格	職能資格
移行時	職務等級完全導入 （移行措置は調整手当対応）	移行用仮設等級 （従来の等級制度）／職務等級部分導入
将来	職務等級完全導入 （調整手当償却）	職務等級完全導入

①完全移行パターン

　「①完全移行パターン」は、制度改定時に一気に職務等級人事制度へ移行する方法です。「②段階移行パターン」と比べて、シンプルでわかりやすいのが特徴です。

　注意点は、職務評価やアサインの結果、制度移行時に現基本賃金が新制度の職務給上限を超えてしまう人材のケースです。職務等級人事制度の考え方からいえば、その場合は職務給の上限額まで給与を減らすことが原則ですが、移行時においては「①完全移行パターン」であっても、当該人材の給与をすぐに減額することはできません。その場合、減った差額分を数年間は補填する等、激変緩和措置を設ける必要があります。そうした経過措置を講じたとしても数年後には報酬の適正化が実現できるという点で、「②段階移行パターン」よりもスピーディーな移行が実現できます。

②段階移行パターン

　現制度からの急激な変化を避けるために、「②段階移行パターン」を採るケースもあります。本パターンは移行用の暫定等級を設けて、従来の人事制度での処遇を部分的に維持しながら、職務等級を徐々に導入していくという方法になります。

　ただし、この場合は処遇の適正化に時間がかかります。従来の職能資格制度の基本賃金が残るため、一定期間は高止まりしているベテランの給与を適正化できません。通常は5年以上の期間を想定する必要があり、改革を急いでいる企業にとっては少し長引く印象です。

［2］職務給の運用

　職務給導入後、運用・メンテナンスをする上で留意すべきポイントがあるので以下に補足します。

①ポジションの報酬額設定の更新

　職務等級人事制度においては、報酬水準がポジションの職務評価によっ

て決まるのは前述のとおりですが、ポジションの職務価値そのものが上がる場合、職務給（および賞与の水準）の見直しを要する場合があります。つまり、職務評価によりポジションの職務等級が上がれば、同時にアサインされた社員の職務給も上がることになります。

　一方で、戦略上の重要性が低くなる、事業規模が小さくなる等、現職のポジションの職務価値が下がることも想定されます。ジョブディスクリプション・職務評価を定期的に更新する際、合わせて職務給も減額になるケースが生じます。

②ポジションの報酬額の開示

　各ポジションの報酬額を社員にどの程度オープンにするか、というのは大きな論点です。自律的なキャリア形成に向けて、社員に上位ポジションを目指してもらう上では、職務情報のオープン化とともに、職務給のベース水準を社内に公開することが自然な考え方になります。

　また、報酬マネジメントを事業部門に権限委譲するケースでは、職務給のベース水準だけでなく、社員の年収を現場管理職に開示することが必須になります。上司と部下間だけでなく、透明性の観点で職場のお互いの報酬水準を開示することも必要になるかもしれません。人材マネジメントの目的に応じて、情報開示の度合いをコントロールすることが重要です。

6　退職給付制度・福利厚生制度

　自社の目指す人材マネジメントの考え方に沿って、退職給付制度や福利厚生制度についても改定する余地がないかを検討します。従来の退職給付・福利厚生制度は「画一的に長期勤続に報いるため」の施策であることが多く、活躍できる人材をタイムリーに調達するジョブ型雇用の人材活用コンセプトと一致しないことがあるためです。とはいいながらも、貢献度の高い社員のモチベーション管理に有用な場合もあるので、仕組

みを変える上で「どの層にどのように配分し直すか」を検討することが大切です。

[1]退職給付制度

退職給付を廃止して、その原資を基本報酬の水準に戻すのがジョブ型の人材マネジメントにおける「あるべき姿」と捉える考え方もあるようですが、それはあくまで極論です。業種・業態によっては退職給付の支給そのものにこだわることはありませんが、これまで何かしらの支給をしている企業では、支給継続を前提に考えるのが一般的です。

退職金の性質については、功労報償、老後の生活保障、賃金の後払い等さまざまな捉え方があります。職務等級人事制度と退職給付の考え方をリンクさせる上では、支給を「減らす」「やめる」ことを目的に据えるよりも、「画一的な配分から職務価値と貢献に応じた配分に変える」という観点を持つことが重要です。

退職一時金であれば、旧来の「最終給与（基本給）×勤続年数係数」で決まる「基本給乗率制退職金」の仕組みは、退職までの貢献度の違いが反映されない、キャリア採用者が不利になりやすい、といった特徴があります。そういった制度を存続している企業は、等級・役職・評価（＝会社への貢献度の代替指標）によってメリハリがつく「ポイント制退職金」の仕組みに転換するとよいでしょう。また、実際に導入している企業は珍しいですが、「在籍時の年収×X％」の金額を退職時にそのまま支給する「年収比例制退職金」というスキームもあります。

また企業年金であれば、確定拠出年金を未導入の企業においては、導入の検討は一考の価値があります。企業間のポータビリティがあり、社員の選択性が高い確定拠出年金は、確定給付型の制度よりもジョブ型人材マネジメントとの相性が良いといえます。

ただし、退職給付制度の改定は労働組合との交渉等も含めて改革実行の負荷が高く、基幹人事制度の改定プロジェクトと並行して進めるのは

困難を極めます。そのため、3年以上の期間で中長期の人材マネジメント改革ロードマップを検討しつつ、基幹人事制度の導入のめどが立ってから退職給付制度改定に着手するケースが一般的です。

[2]福利厚生制度

　福利厚生制度の簡素化は、1990年代後半に成果主義が唱えられて以降、日本企業で数十年続く改革テーマです。ただし、退職給付制度と同様に、一切の施策を廃止して基本報酬の原資に統合すればよいという話ではありません。将来の人材マネジメントの方向性に合わせて「不必要な施策を廃止して、必要な施策を充実させる」という考え方が原則になります。

　大きなトレンドでいえば、社員寮・社宅等の住宅支援や保養所等の施設提供を廃止して、社員のキャリア形成に対する支援や、カフェテリアプラン等の選択型の福利厚生制度を導入する企業が多いようです。この傾向は、メンバーシップ型からジョブ型への移行の考え方に沿った内容になっているといえます。

　また、職務等級人事制度の導入にかかわらず、ニューノーマルの時代に求められる福利厚生はこれまでとガラッと変わる可能性があります。テレワークでの勤務が当たり前の環境になる中で、自宅デスク環境の最適化の支援、社内コミュニケーションの支援、ストレスマネジメントの支援等、業務の遂行に対して実用的なものが求められるはずです。

　第2部では、基幹人事制度の設計・運用上の論点について述べてきました。原理原則型の職務等級人事制度だけではなく、移行のしやすさや運用の簡便さに配慮した選択肢も示して解説をしました。選択肢によっては「こんなのは中途半端な仕組みだ」と感じた方も、「当社はこのパターンでしか導入できない」と感じた方もいると思います。

　繰り返しになりますが、職務等級人事制度の導入は組織改革を実現す

るための手段であり最終目的ではありません。大事なのは自社が目指す人材マネジメントの方針に沿った改革をすることです。また、「まずは自社で可能な範囲から始める」という考え方も尊重すべきですが、「小さな妥協を積み重ねた結果、本来目指すべき姿と大きく乖離してしまう」ことがないように留意しながら、自社に最適な人事制度を検討してください。

第3部

導入編②
人材マネジメントの運用

第2部では、ジョブ型の人材マネジメントを推進する上で骨格となる基幹人事制度について、その設計・導入のポイントを解説しました。第3部（第10〜14章）では、人材マネジメントの運用面に焦点を当て、「人材フロー」と呼ばれる人材確保・人材育成（異動配置を含む）といった機能別の取り組みだけでなく、エンゲージメント、組織開発や人事部門変革など、ジョブ型人材マネジメントを適切に運用するために必要と考えられる取り組みを紹介します。

　これらを人材マネジメントの"運用"と称していますが、個々の取り組みが密接に関連し合っているため、全体像を俯瞰することが有益です。まず、個々の内容を説明する前に、人材マネジメントの全体像をメンバーシップ型と比較しておきます。

　[参考3〜4]の全体像の違いを念頭に置きながら、以降の章をお読みいただくと、より理解が深まるでしょう。

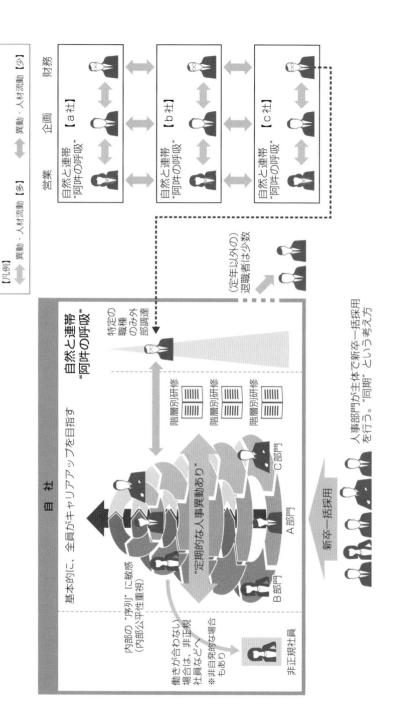

参考3 メンバーシップ型の人材マネジメントの全体像

ジョブ型の人材マネジメントの全体像

JD：職務記述書（ジョブディスクリプション）

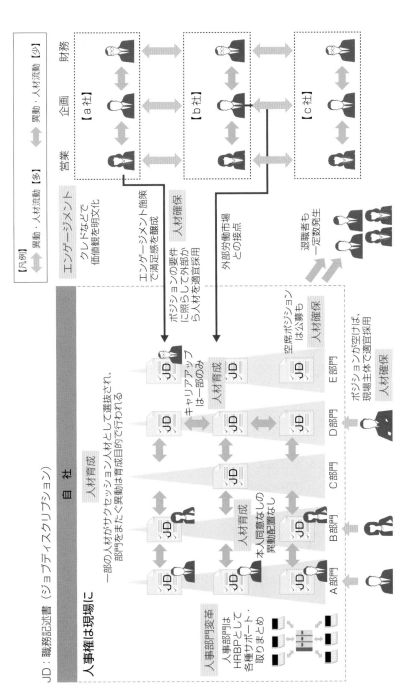

第10章

人材確保

　ジョブ型雇用における人材確保の目的や手法はメンバーシップ型の人材確保と比べると大きく考え方が変わるため、人材マネジメント全体の中での影響力も最も大きいといえます。その理由を、メンバーシップ型とジョブ型の人材確保の目的から、丁寧に紐解いていきます。

1　人材確保の目的

　企業がサスティナブルな存在であるために、人材確保が必須であるのは自明のことです。ただし、メンバーシップ型とジョブ型では、人材確保の目的が異なります。この目的の違いを理解するためには、単に人材確保という観点だけでなく、確保後の社内での動き（いわゆる「異動」。縦方向の登用と横方向の配置転換を含む）も含めて整理することが有益です。

[1]メンバーシップ型の人材確保の目的

　メンバーシップ型の人材確保の前提には、「会社の成長（業績）に合わせて、社員数を調整する。業績が伸びそうであれば増やし、逆に厳しくなりそうであれば絞る（減らす）」という考え方があります。

　どのような企業でも、業績が良い時も悪い時もあり、その影響から社内で遂行すべき業務の質・量も変化していきます。メンバーシップ型では、この業務の質・量の変化を"人の入れ替え"で対応するのではなく、"人の配置転換"で対応することを前提にしています。具体的に解説すると、質の変化については配置転換で、量の変化については主に時間外労働の活用によって対応してきました。

質の変化とは、機能別組織で考えると「間接部門から直接部門（例：営業組織）などへの職種が変わる異動」、事業部制組織では「Ｘ事業部門からＹ事業部門への異動」が当てはまり、業績が良い時も悪い時も行われる対応です。営業未経験の人材も、あるいは事業についての土地勘がない人材に対しても、社命によって異動を決定します。一方で、量の変化とは、自社サービスの需要が増減したときに、採用面での対応は考慮しつつ、まずは融通が利きやすく、即時効果のある労働時間の増減で対応します（これが働き方改革の最大の障壁になっています）。

人の配置転換によって業務の質・量に対応することを目指す人材マネジメントでは、人材確保・異動配置において「事業を推進するために必要最低限の人材を安定的に確保していくこと」「どのような仕事に対しても嫌がらずに、そつなくこなせる学習能力が高い人材を確保していくこと」が重要です。したがって、メンバーシップ型の人材確保・異動配置の特徴は、以下の３点となります。

①人材確保のKPIは採用人数（量）と学習能力（質）

②異動の主目的は人材育成と欠員補充

③労働市場のスコープは社内

それぞれ詳細を見ていきましょう。

①人材確保のKPIは採用人数（量）と学習能力（質）

「事業を推進するために必要最低限の人材を安定的に確保していくこと」「どのような仕事に対しても嫌がらずに、そつなくこなせる学習能力が高い人材を確保していくこと」が重要であると述べましたが、そうなると、人材確保（採用）で達成するKPIは、❶業績予測に即して設定された採用人数の充足数、❷学習能力（どのような職種でも対応できる汎用能力のポテンシャル）が高いと考えられる人材の採用数となります。

❶業績予測に即して設定された採用人数の充足数は、量のKPIといえます。自社の業績予測を踏まえ、現行の要員数からどの程度増減させるかを定めた上で、定年退職などによる減少数を見越して目標の採用人数

を定めます。

❷学習能力（どのような職種でも対応できる汎用能力のポテンシャル）が高いと考えられる人材の採用数は、質のKPIになります。社命による異動もあり得るため、どのような職種でも適用できる学習能力、いわゆる未経験の業務でも自ら勉強してキャッチアップできるポテンシャルが高い人材を確保できたかどうかが基準となります。この点では、経験者採用よりも新卒採用のほうが理にかなっており、新卒採用での人材確保を主とし、スポットで生じた欠員を経験者採用で補うことは従と位置づけられます。

②異動の主目的は人材育成と欠員補充

「異動の主目的は人材育成と欠員補充」というタイトルだけを見ると、「欠員補充」を主目的としているわけではないと感じる方もいるかもしれません。多様な業務経験を積むことで人材育成を行う、定期的に職場を変えることで組織や個人のリフレッシュを図る、といったことが人事異動の主目的であるのは事実です。ただし、メンバーシップ型の人材マネジメントでは、多くの場合、"玉突き人事"が前提になっています。この"玉突き人事"とは、組織内で要員が不足したときに、社内の横（同格の等級や役職）や、下（格が一つ下の等級や役職）から適切な能力・実績・経験があると認められた人材で充足することを意味します。要員不足に対し、適性のある人材をスライドさせることで欠員を埋め、そのために発生した要員不足にさらにスライドで人を補っていくことを繰り返します。したがって、メンバーシップ型で人事異動をしようとすると、欠員補充の考えがどうしてもベースとなるため、人材育成とともに欠員補充が人事異動の主目的として位置づけられることになるわけです。

この考えに基づく人事異動は、人事権が現場にあっては実践できず、人事部門が全体最適の視点で行う必要があります。そのため、社命によってどこにでも異動できる人材が重宝されるという日本企業の特徴を生んできたのです。

③労働市場のスコープは社内

　①②の特徴を形づくっているのは、「メンバーにどのような人材を入れるか」が大命題となっているメンバーシップ型の人材確保の考えです。そのため、メンバーになった人材を自社の考えや方針に沿って育成し、事業の状況に応じて配置することを念頭に置いた施策が運用されます。要員が必要な場合に「どこ」から人材確保をするかというと、「社内（暗黙知を身に付けた同じ会社のメンバー）」からとなります。メンバーになるための人材確保（新卒採用）が最重要の業務として位置づけられる一方、特定の職種や役職者の不足をピンポイントで補充する経験者採用は、人材確保においては次善の施策といえるでしょう。

[2]ジョブ型の人材確保の目的

　次に、ジョブ型の人材確保の前提を確認していきましょう。ジョブ型では、「ビジネスの目標を達成するために設定された要員計画の不足分を補う」という考え方があります。

　ジョブ型では、機能別組織でも事業部制組織でも、必ず組織のビジネス上の目標とそのために必要な要員計画を設定します。要員計画では、事業部組織であれば事業部長－部長－課長－担当と組織階層ごとにポジションが設定され、必要な要員数を明示します。不足していれば、人材確保のため、ポジションにふさわしい人材を採用します。この不足しているポジションを埋める人材を採用することが、ジョブ型の人材確保の目的になります。

　このようにポジションに人材を当てはめる、「適“所”適“材”」を前提としたジョブ型では、異動配置の意味合いもメンバーシップ型と大きく異なります。一度就いたポジションからの変更を会社の都合で命じることは、基本的にありません。いわゆる異動は、本人の同意があることが原則です。中核ポジションを担うことが期待される人材の育成のために、会社から異動を打診するケースもありますが、あくまで打診であり、

決定をするのは社員本人になります。

このようなジョブ型の人材確保・異動配置の特徴は、以下の3点です。

①人材確保のKPIは経営計画達成のための要員の充足

②異動の主目的は自発的なキャリア形成・後継者育成

③代わりの人材は内外の労働市場から

それぞれ詳細を見ていきましょう。

①人材確保のKPIは経営計画達成のための要員の充足

ジョブ型において、人材確保がうまくいかないということは事業運営に必要な要員を確保できていない状況が続くことを意味します。前述のとおり、不足分を社内の他部署からの異動で補うことも難しいでしょう。つまり、要員不足により、組織として本来行うべきことに取り組めないリスクが高まることを意味します。したがって、人材の確保はビジネスのKPIそのものであり、計画比で不足がない状況になっているかを厳しく管理することが求められます。

②異動の主目的は自発的なキャリア形成・後継者育成

原則として会社都合による異動がなく、本人の希望がある場合に実施することを紹介しました。具体的には、❶ポジションが空いたときなどに行われる社内公募に応募する、❷経営幹部ポジションの後継者を育成するためのサクセッションマネジメントの対象として育成計画に基づく異動配置を受け入れる、の二つになります。それぞれの詳細は本章後半のジョブポスティング（社内公募）と、第11章の人材育成で説明しますが、本人のキャリア形成（キャリアアップ）と後継者育成を目的とした異動以外は、ほとんど起こらないことが特徴です。

そうなると、「メンバーが固定化されて組織が停滞する」懸念を感じる方もいるかもしれませんが、次の③で記すように、メンバーシップ型と異なり、人材の社内外の出入りがあることが前提となっており、定期的に人材の入れ替わりが行われるため、そのような懸念が顕在化することはあまり多くありません。

③代わりの人材は内外の労働市場から

　要員計画で設定したポジションに欠員が出た場合、企業の人材確保の選択肢は「内部登用（社内公募など）」と「外部からの採用」になります。ただし、内部登用をすると、登用した人材が就いていたポジションが空くことになり、理屈でいえばポジションの欠員が玉突きで連鎖します。そのため、何らかの形で外部から人材確保を行うことが必要になります。このように、ポジションの不足に対しては積極的に外部労働市場を活用することがジョブ型の人材確保の特徴といってよいでしょう。

2　人材確保の前提となる要員計画

　ジョブ型の人材マネジメントでは、要員計画が人材確保の前提・起点となります。要員計画とは、「ビジネス上の目標を達成するために必要な人材の人数をポジション別に設定したもの」と定義できます。ポジションごとのおおよその人件費（年収）も職務評価等に基づき設定できるため、人件費の観点からも設定されることが一般的ですが、ここでは人材の人数に焦点を当てて説明します。

　要員計画の立案方法には複数の手法があります。ここでは主立った手法として、【1】財務指標の観点からの要員計画の立案方法、【2】業務の観点からの要員計画の立案方法を紹介します。実際はこれらの方法を組み合わせたり、外部環境（顧客や競合企業の動向など）を加味したりといった調整を行うことも多く、あくまで検討に際しての土台を構築する手法として活用するものと位置づけます。

　昨今注目を集めているピープルアナリティクスを活用することが効果的ですので、最後にその実践例を紹介します。

[1]財務指標の観点からの要員計画の立案方法

　財務指標の観点からの要員計画では、財務指標をベースに検討します。

「①直近の実績を基に立案」「②あるべき数値から逆算して立案」の二つの方法に分けられます。実際には、①②のいずれかというよりも、双方の方法を併用しながら擦り合わせるケースが多いでしょう。

①直近の実績を基に立案

　例えば、過去数年〜10年の会社全体や該当組織の売り上げ・粗利などを縦軸に、同じく要員数や総額人件費を横軸に取った散布図と回帰直線を作成します[図表10−1]。その回帰直線を用いて、目標とする売り上げ・粗利などから逆算し、許容できる要員数や総額人件費を設定します。そこで定めた要員数を要員計画に展開する手法です。

②あるべき数値から逆算して立案

　会社全体や該当組織が生み出す売り上げや利益の計画を実現するために必要な要員数や人件費を、同業他社等をベンチマークとして設定（ここは人事部門ではなく、経営企画部門が担当することが多い）します。売上高人件費比率（総額人件費÷売上高）などがベンチマーク結果から導き出されますので、その比率などに即して要員計画に落とし込みます。

図表10−1　散布図と回帰直線のイメージ

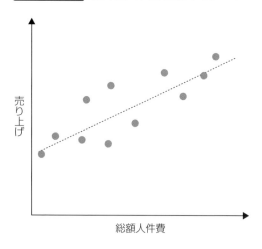

売り上げ

総額人件費

[2]業務の観点からの要員計画の立案方法

業務の観点からの要員計画は、業績目標達成のために必要な業務の質・量を抽出し、それを遂行するために必要な要員数を設定する方法です。業務分析等を行い、ある業務を行うために必要な人材の質・量の概算を設定し、それらの総和を必要な要員数として算出します。この方法は直近の実績などを踏まえ、業務を行う現場の実態や声を集めて設定するため、現場の意向が強く反映される手法です。

一般的に、【2】業務の観点からの要員計画は、【1】財務指標の観点からの要員計画と比べて売り上げ・利益目標が一単位増えるごとに、必要な要員数が多めに算出されがちです。その場合、経営企画部門などと現場で擦り合わせを行いながら最終的な計画を確定させます。特に新規事業開発を行う新設組織の場合は、検討の参考に使う過去のデータがないため、その組織に求められる役割等を基に丁寧な擦り合わせが必要になります。

[3]ピープルアナリティクスの活用

人材マネジメントのさまざまな場面で活用されているピープルアナリティクスは、数値による検討を進めることが多い要員計画でも活用するケースが増えています。事例形式で活用イメージを紹介します。

小売業のＸ社は全国に店舗展開しており、適切な要員計画の立案に問題意識を持っていました。その解決のために、以下の二つの取り組みを行いました。

①拠点ごとの業績・生産性のKPIを設定し、競合と比較

②設定したKPIと内外環境データの関係性をモデリング

①拠点ごとの業績・生産性のKPIを設定し、競合と比較

まず、「１人当たりの売り上げ」や「人件費１円当たりの売り上げ」「地域内シェア」等を会社としての目標＝KPIとしておき、競合リサーチを実施した上で、どの部分が競合劣位かを明らかにしました[**図表10-２**]。

そして、その競合劣位を生み出している要因、例えば評価制度や各種インセンティブの有無、人員の年齢構成等を考察し、優先課題を浮かび上がらせました。

②設定したKPIと内外環境データの関係性をモデリング

　前述のKPIに影響するデータとして、拠点がカバーする環境・商圏のデータ（流出入人口や平均所得等）と、内部のデータ（拠点別の年齢構成や個々の適性検査情報、拠点長のスキル等）を集め、それらのデータアナリティクスを行うことで、自社内における好業績拠点のモデルを定量的に明確にしました[図表10－3]。これを本社部門と各拠点の要員計

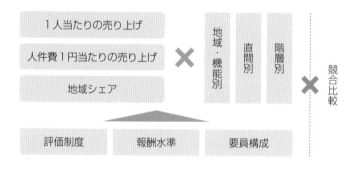

図表10－2 業績・生産性のKPI比較

1人当たりの売り上げ

人件費1円当たりの売り上げ

地域シェア

評価制度　報酬水準　要員構成

地域・機能別　直間別　階層別　競合比較

図表10－3 KPIと各種データの関係性をモデリング

✓事業・商圏別に、各KPIにおける好業績拠点を特定

✓商圏データ、ビジネスデータ、拠点長データなどの各変数によって説明される最適要員数を推計

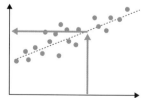

拠点	現行	適正人数	
A	13	14.5	−1.5
B	12	13.8	−1.8
C	15	14.5	0.5
⋮	⋮	⋮	⋮

画の検討の素案として用いています。

このＸ社はピープルアナリティクスの活用を要員計画にとどめず、データ基盤の整備を行い、エンゲージメントの捕捉などにも活用しています。

3 ジョブ型人材マネジメントにおける人材確保（採用）手法

要員計画が定まったら、次は必要なポジションに対し、人材確保（採用）を行うことになります。ジョブ型ではポジションごとに採用が行われるため、ポジションごとに最適な採用手法に変革していく必要があります。

［１］新卒一括採用からの脱却

2021年現在、日本の多くの企業で行われている新卒一括採用ですが、ここから脱却する必要があるでしょう。ここでは新卒一括採用を、「職種を限定しない形式で人事部門が一括して採用し、入社後に全員がさまざまな職種や職場を経験しながら徐々に適切な職種などを見いだしていく」ものとします。これはメンバーシップ型に代表される採用手法です。

この「職種の無限定」という考え方が、ジョブ型には決定的にマッチしません。これは、日本の新卒一括採用は「就職」ではなく「就社」である、とよく表現されていることからもわかります。「就社」という言葉は、新卒一括採用の特徴をよく表しているといえます。「自社のメンバーに入ってもらう人材として適切か」を判断することが、新卒一括採用には重要です。

ジョブ型の人材マネジメントを推進するためには、人材確保の主たる手段としての新卒一括採用から大きく脱却する必要があります。ただ、すぐにこの新卒一括採用をやめることは現実的ではないことも付言しておきます。日本での雇用を取り巻く環境にはメンバーシップ型を前提とした要素が多く残っています。したがって、このような環境が大きく変

わるまでは、後述するジョブ型に最適な採用手法と"併用する"ことが現実的な対応となります。特に、管理職だけにジョブ型を導入し、一般社員層へのジョブ型適用を当面は見送る場合などは、新卒一括採用を維持するほうが当面の人材確保には有益といえるでしょう。

［2］真のインターンシップ

多くの日本企業でもインターンシップが行われていますが、実態は新卒一括採用の一環に組み込まれており、真の意味でのインターンシップにはなっていないといえます。

現状のインターンシップは、①会社説明会の延長、②疑似業務遂行による選考のどちらかに位置づけられるものが多いといえるでしょう。「1dayインターンシップ」と呼ばれるものの大半は①として行われ、各部門の説明・見学や先輩社員との対話が中心となっています。②についても、せいぜい1週間程度の期間で行われ、実際の業務に近いテーマに先輩社員のサポートを得ながら取り組むケースが多く見られます。実際の職場とは切り離された場所で行うため、本当の職場で起きていることを実感するまでのものではないようです。

ジョブ型におけるインターンシップとは、採用の選考に直結する点は②と同様ですが、内容が全く異なります。ポイントは「実施形態」「実施期間」です。まず実施形態ですが、「法人向けの自社○○製品のルート営業職」「消費者向け消費財のマーケティング職」など、ポジションを限定して行うのが通常です。多くの日本企業が行う新卒一括採用の枠組みの中で実施するインターンシップでは、職種が限定されていないか、されていたとしても「マーケティング職」などと大ぐくりですので、まずはここに違いがあります。次いで実施期間ですが、こちらは数カ月にわたることが大半です。学生は実際の職場に配属され、その一員として働くことで適性を判断されます。そのため、学生も長期休暇や休学を利用して取り組みます。

この取り組みは、一見すると学生にはリスクが大きい（数カ月間インターンシップに費やしても採用されない可能性がある）と感じるかもしれませんが、実際に入社したときと同じような業務遂行を期待されるので、このインターンシップ経験も立派な職歴として組み入れることができます。職種やポジションを具体化して就職活動をすることで経験の価値が上がるということです。

メンバー層の確保に向け比較的経験の浅い人材を採用するためには、育成と選考を兼ねるこのインターンシップは企業にとって有効な手法となります。この手法の定着には学生と企業の双方の思惑が一致しなければならないため、時間はかかるかもしれませんが、専門性の高い職種から導入する企業が増えていくと考えられます。

［3］リファラル採用

昨今注目を集めている採用手法に、リファラル採用があります。リファラル採用とは、「自社の社員に友人・知人を採用候補者として紹介してもらう」ものです**［図表10－4］**。自社や募集しているポジションと、採用候補者という両者をよく知る社員が採用に携わることで、マッチング精度を上げることを狙った取り組みです。また、採用活動における広報活動などにかかるコスト低減の効果もあります。

図表10－4 リファラル採用の全体像

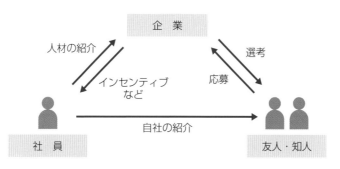

ジョブ型ではメンバーシップ型のように会社都合で異動を行うことが少ないため、採用時のポジションと人材のマッチングがより重要になります。その観点では非常に有益な手法ですが、採用に携わる社員における人事や採用リテラシーの向上など、現場への一定の教育が必要になります。また、採用に貢献があった人材へのインセンティブ（報奨金の設置、人事評価における加点など）も必要です。過度なインセンティブには弊害（公私混同の懸念など）もあるため、丁寧なルールづくりが求められます。

　参考として、MURCが2021年7月に実施したアンケート調査の結果を紹介しましょう**[図表10－5]**。採用における各種取り組みについて、ジョブ型導入企業と未導入企業での差異を調査しました。ジョブ型を導入している企業のほうが、「インターンシップでのスキル調査」「空席ポジションが生じた場合の登用・採用ルール・プロセスの確立」に取り組んでいる割合が多くなります。徐々にではありますが、この比率が高まってくることが想定されます。

4 人材確保を推進する体制・制度の整備

　本章の最後に、ジョブ型における人材確保を着実に進めるために取り組むべき事項を紹介します。いずれもメンバーシップ型の人材マネジメントにおいても効果的ですが、適所適材が必要なジョブ型にとって、より効果を生み出す取り組みです。

[１]採用権限の委譲

　本章で紹介してきた、要員計画の立案とそれに基づくポジション別の採用を行うためには、人材確保に関する権限、つまり採用権限を各現場へ委譲する必要があります。各部門が立案したビジネスの目標を達成するために、必要な人材を自分たちの責任で確保することは至って自然な

図表10-5 採用に関する施策の実施状況

質問：「採用」に関する施策について、【現在】自社で実施しているものをすべて選択してください（複数選択可）

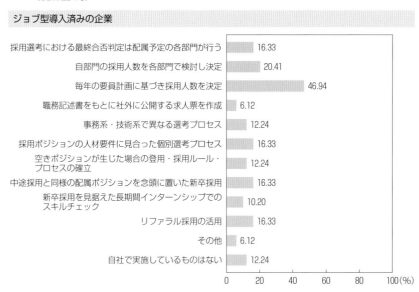

ジョブ型導入済みの企業

項目	値
採用選考における最終合否判定は配属予定の各部門が行う	16.33
自部門の採用人数を各部門で検討し決定	20.41
毎年の要員計画に基づき採用人数を決定	46.94
職務記述書をもとに社外に公開する求人票を作成	6.12
事務系・技術系で異なる選考プロセス	12.24
採用ポジションの人材要件に見合った個別選考プロセス	16.33
空きポジションが生じた場合の登用・採用ルール・プロセスの確立	12.24
中途採用と同様の配属ポジションを念頭に置いた新卒採用	16.33
新卒採用を見据えた長期間インターンシップでのスキルチェック	10.20
リファラル採用の活用	16.33
その他	6.12
自社で実施しているものはない	12.24

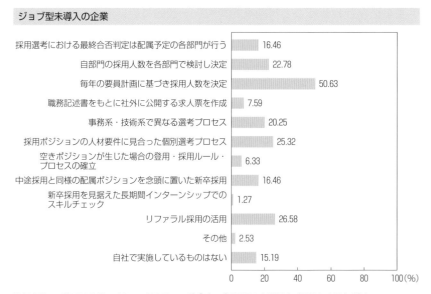

ジョブ型未導入の企業

項目	値
採用選考における最終合否判定は配属予定の各部門が行う	16.46
自部門の採用人数を各部門で検討し決定	22.78
毎年の要員計画に基づき採用人数を決定	50.63
職務記述書をもとに社外に公開する求人票を作成	7.59
事務系・技術系で異なる選考プロセス	20.25
採用ポジションの人材要件に見合った個別選考プロセス	25.32
空きポジションが生じた場合の登用・採用ルール・プロセスの確立	6.33
中途採用と同様の配属ポジションを念頭に置いた新卒採用	16.46
新卒採用を見据えた長期間インターンシップでのスキルチェック	1.27
リファラル採用の活用	26.58
その他	2.53
自社で実施しているものはない	15.19

資料出所：三菱UFJリサーチ＆コンサルティング「ジョブ型雇用の実態調査（2021年8月実施）」

ことです。どのような人材を何人、どのように採用するかを決める権限と、それらの実現に関する責任をセットで現場に委譲します。これまでのメンバーシップ型の人材マネジメントでは、人事部門が異動や任免など人材配置の大半を決めていたことからすると、大きな変更になります。人事権という大きな権限を委譲するパラダイム転換に冷静に対応できるか、人事部門の覚悟を問われていると言っても過言ではありません。

　当然、権限を各部門に委譲するだけでは不十分です。人材マネジメントを適切に行うための機能を現場に充足させることとセットになります。これらは第14章で詳細を紹介します。

［2］人材を見極めるアセスメントの活用

　採用において、ポジションと人材のマッチングが重要であると述べました。通常行われる面接以外に、人材を見極めるアセスメント手法は複数存在します[図表10-6]。マッチング精度を高めるためには、複数の手法を組み合わせることが効果的です。一般的に幹部ポジションの採用においては、複数の手法を組み合わせ、精度の高い選考を行うことが多くあります。

［3］ジョブポスティング（社内公募）

　ジョブポスティング（社内公募）とは、ポジションに空席が出たときに外部に人材を求める前に社内に公募をかけ、キャリアップを目指す社員が自分の意思で空席ポジションに応募できる制度のことを指します。組織を構成するメンバーが硬直化しがちなジョブ型の人材マネジメントにおいて、社内の人材流動化により活性化を促すために導入意義の高い施策です。

　ジョブポスティングを設けても、そもそも公募されるポジションが少なかったり、応募がほとんどなかったりという企業の声も聞きます。き

手　法	各 手 法 の 特 徴	評 価 項 目			
		知識・経験	価値観	思考・行動（コンピテンシー）	ストレス下での行動・潜在的リスク
質問紙	▨WEB回答形式で、内的動機や行動特性について回答・分析 ▨豊富なベンチマークデータと比較可 ▨多言語対応しているアセスメントも多数		○	○	
360度評価／360度インタビュー	▨被評価者本人および上司・同僚・部下それぞれが、被評価者の特定コンピテンシーにおける思考・行動発揮度を評価（アンケート、インタビュー等） ▨本人が気付いてない特性や認識ギャップを明確化		○	○	
ケースディスカッション	▨所属や経歴の異なる4〜5人1組で経営レベルの課題についてグループディスカッションを実施、その様子を観察 ▨リーダーシップやプレゼンテーション能力、感受性、判断力などを判定	○	○	○	
インタビュー (Behavioral Event Interview)	▨過去の成功体験や事象、およびその事象に対する取り組み方を具体的に聞き出し、構造化 ▨当人の思考行動特性やその背景にある価値観を導出	○	○	○	
期間観察・ロールプレイ	▨難易度の高い経営課題解決等、危機的状況ないしストレスのかかる状況を一定期間疑似体験 ▨ストレス下での行動や判断力を緻密に記録・分析し、対象者の行動特性および危機時の潜在的リスクを導出	○	○	○	○

ちんと機能させるためには、「公募ポジションの情報をリアルタイムかつ丁寧に公開すること」と、「社員のキャリア自律意識を醸成すること」が要件になります。公募ポジションの情報はジョブディスクリプションを活用し、社内インフラの目につくところに積極的に公開するとよいでしょう。

［4］アルムナイ（退職者）ネットワークの整備

　アルムナイとはもともと「同窓生」を表す言葉で、人材マネジメントにおいてはその企業に過去に勤めていたOB・OGを指します。メンバーシップ型と比べ、ジョブ型はより社員によるキャリア自律を促すことから、退職者が一定の比率で発生することになります。また、仮に退職したとしても、会社のメンバーから抜けた者といったニュアンスがありません。キャリアを築く過程で同じ職種・業界で働き続けるのであれば、また自社に戻ってくる可能性が相応にあると考えます。

　そのため、アルムナイのネットワークを形成し、自社の情報や募集中のポジションの情報を定期的に提供したり、アルムナイの懇親会を開いたりして常に関係性を維持することで、自社への復帰のハードルを下げていきます。

　このような形で"出戻った人材"は、過去に自社で活躍していたケースもあり高い確率でマッチングするとともに、社外で培った知見を還元してもらえるなど、周囲へのポジティブな影響を期待できます。

第11章

人材育成

　人材育成に関して、その必要性がメンバーシップ型とジョブ型で大きく異なるということはありません。異なるのはその「目的」です。本章では、ジョブ型の人材マネジメントの考え方に沿った人材育成について解説します。

1　ジョブ型における人材育成の目的

　ジョブ型人材マネジメントの特徴は、既にさまざまな箇所で述べてきました。「ポジションをベースとしたマネジメント」が前提であることは繰り返し述べていますが、人材育成を考える上ではメンバーシップ型と大きく異なる特徴である「人材の流動性が一定程度あること」を考慮する必要があります。ここでは、ジョブ型における人材育成の目的を以下の3点として整理します。

[1]空席ポジションを埋める人材の確保
[2]エンゲージメント向上
[3]保有している実力の十分な発揮

[1]空席ポジションを埋める人材の確保

　適所適材の考えに基づき、ポジションを担う人材の確保が人事部門の重要なミッションになります。ふさわしい人材が社内にいないのであれば、前章で紹介したとおり、人材確保を行う必要がありますが、それ以外には内部で人材を育成して登用する方法があります。

　人材確保には、即戦力人材が確保できれば、すぐにポジションを充足できるというメリットがありますが、社風や仕事の進め方、他の社員と

のマッチングがうまくいかないリスク等もあります。一方、内部で人材を育成して登用する方法は、育成まで時間がかかることや予定どおりに育成が進まないリスクがあるものの、既に社風等のマッチングができているというメリットがあり、空席ポジションを埋めるための有効な選択肢といえます。

[2]エンゲージメント向上

　人材育成の目的の一つに、エンゲージメント向上が挙げられます。詳細は第12章で触れますが、今後は人材が働く会社・場所を選ぶ際に、高いエンゲージメントを維持できる環境であるかを重視するようになると考えられます。エンゲージメント向上に影響を与える因子は複数ありますが、その一つに「成長（キャリア整備・育成体系）」があります[図表11－1]。

　一人ひとりの社員が成長を感じられるようにすることが、結果として

図表11－1　エンゲージメントを測定するための成果指標と影響指標

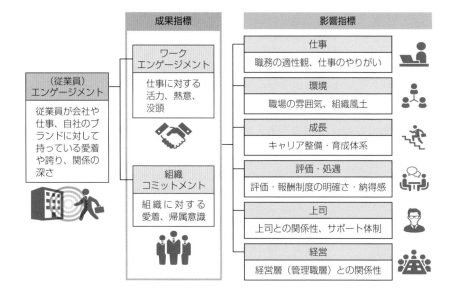

エンゲージメント向上につながります。また、人材の流動化が一定程度想定される環境下では、人材のリテンション（定着）にも直結する、非常に重要な要素といえます。

[3]保有している実力の十分な発揮

　人材の流動化が進むと、キャリア採用で入社する社員が多くなります。このような社員は実務知識や経験は豊富ですが、入社した会社で効率的に立ち回るために必要な知識や経験はまだ持っていません。また、既に入社して活躍している社員でも、環境（プライベートを含む）が変わることで、いろいろな不安を持つケースもあります。

　自社で仕事をする上でこのようなさまざまな不足や不安があることで、持っている実力を発揮し切れないケースも散見されるようになってきています。各自が持っている実力を遺憾なく発揮するため、必要なサポートや支援を計画的に行うための仕組みや仕掛けが、人材育成の枠組みとして求められます。

2 育成の具体的な方法

　ここからは、人材育成の目的ごとに、具体的な施策を紹介します。これらの施策の位置づけを適切に理解するために、施策の「方法」も以下の二つに区別していきます[図表11－2]。

A. プログラムの構築
B. 場や機会の提供・マッチング

　「A. プログラムの構築」は、人材育成体系やOJTプログラムといった、体系立った枠組みに基づいて整理された内容を構築することを意味します。一方の「B. 場や機会の提供・マッチング」は、人材マネジメントの運用をする際に、通常の運用の範囲内（一部ルールのつくり込みも必要）でさまざまな機会を意図的に提供する取り組みを指します。

図表11-2　ジョブ型における人材育成の目的×方法別の主要施策

方法＼目的	[1]空席ポジションを埋める人材の確保	[2]エンゲージメント向上	[3]保有している実力を遺憾なく発揮
A. プログラムの構築	①経営幹部ポジションのサクセッションマネジメント	③階層別研修からキャリア形成支援へのシフト ④リカレント教育	⑥オンボーディング ⑦メンター制 ⑧Performance Improvement Plan（PIP）
B. 場や機会の提供・マッチング	②クロスファンクショナルチーム	⑤異動配置とゼネラリスト育成の在り方	

　このA.とB.を前述の人材育成の目的[1]〜[3]と組み合わせたマトリクスで整理すると、施策の位置づけがはっきりします。

　以下では、それぞれの施策について解説していきます。

[1]空席ポジションを埋める人材の確保の施策

　まずは、「①経営幹部ポジションのサクセッションマネジメント」「②クロスファンクショナルチーム」です。②のクロスファンクショナルチームは、①サクセッションマネジメントにおける取り組みの一つになります。

①経営幹部ポジションのサクセッションマネジメント

　サクセッションマネジメントは、「早期から優秀な人材を"選出"し、計画的な"人材開発"を行うことで、役員や重要なポジションの後継者を継続的に輩出するマネジメント手法」と定義されます[図表11-3]。ジョブ型人材マネジメントを実践する上では必須の取り組みといってよ

いでしょう。経営幹部ポジションとして、経営トップの社長（CEO）や、各機能のトップ（いわゆる「CXO」）などのボードメンバーを含め、その下位層の本部長や部長ポジションまでを対象とすることもあります。

　実施に際しては、まず対象となるポジション（キーポジション）を設定します。その上で、「後継者候補」と「タレントプール」を設定していきます。経営幹部人材の育成は一朝一夕ではできず、期間を要する取り組みであるため、単に後継者候補だけを考えるのではなく、その後継者候補自体をどう輩出するかをも検討する必要があります。そのため、タ

図表11-3 **サクセッションマネジメントの概要**

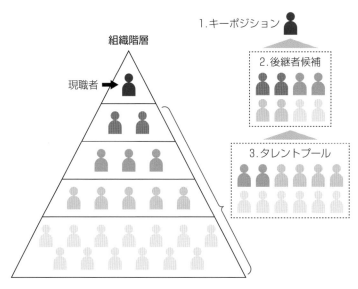

1	キーポジション	事業活動において重要性が高く、かつ人材の代替が困難なポジション（後継者候補を紐づけるポジション） ※階層・役職・職種を定義
2	後継者候補	キーポジションごとの後継者になり得る選出された人材
3	タレントプール	サクセッションマネジメントの中で、後継者候補として選出される可能性のある人材の母集団

レントプールというポジション数から比してやや多めと感じられる母集団を対象とします。

　対象ポジションおよび管理すべき後継者候補やタレントプールの層が決まったら、実施する施策を設計していきます。サクセッションマネジメントは単なる人材育成の取り組みではなく、現任者や後継者候補が職務記述書（ジョブディスクリプション）などで定められた要件を充足することをゴールとし、必要な四つの機能（選出・教育・配置・評価）を有機的に連携させながらつくり上げていく必要があります[図表11－4]。

②クロスファンクショナルチーム

　クロスファンクショナルチームとは、「部門をまたぐ全社的な経営課題

図表11－4　サクセッションマネジメント運用における4機能と主な施策

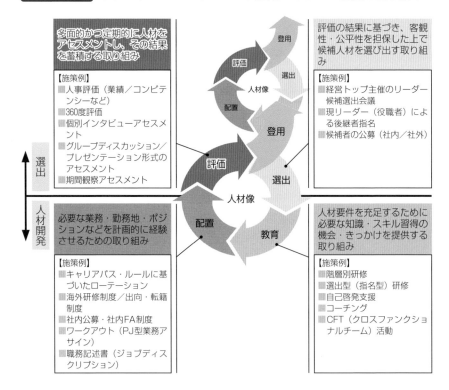

解決を目的に、所属部門にかかわらず必要な人材を集めて構成されるチーム」を指します。ジョブ型の場合は、各職種のプロフェッショナルが職場ごとに在籍し、多くの場合、職種変更などを行わずキャリア形成を図っています。日常の業務では異なる専門性を持つ人材と同じ目標を共有して協働する機会はあまり多くありません。そのような機会を意図的につくり出すために、各分野の専門家を集めたプロジェクトのような組織を形成します。一般的には兼務ではなく、このチームに専従します。また、目的と期間が限定されており、目的を達成したら解散するチームであり、通常の異動と異なります。

　目的は経営課題の解決ではありますが、❶異なる職種の社内の第一人者との人脈形成、❷課題解決を通じた多様性のある集団を束ねる経験、❸役員と同じ目線で議論した経験など、通常では経験できない貴重な経験を積むことができる機会になるため、経営幹部候補に全社視点を持たせ、異なる専門性を持つ人材で構成された組織を動かすためのコツをつかんでもらうための絶好の機会として活用されます。

［2］エンゲージメント向上の施策

　続いては、「③階層別研修からキャリア形成支援へのシフト」「④リカレント教育」「⑤異動配置とゼネラリスト育成の在り方」です。既に階層別の研修体系や、定期的に職場や職種を変えるローテーションルールが確立されている企業も多くあると思います。そういった企業にとっては、この③〜⑤の施策は大きな変革を伴う取り組みに当たります。

③階層別研修からキャリア形成支援へのシフト

　メンバーシップ型の企業で多く実施されてきた階層別（あるいは年次別）研修は、その前提に「この等級になったらこのような能力が求められる」「この年次になればこのような知識が求められる」といった、等級・年次が変わればそれに応じて求められる能力・知識も変わってくるという考えがあります。階層別・年次別の研修はその要素を充足するた

めに設けられたものになります。必要なタイミングで必要な能力・知識の習得を促すため、非常に効率的な取り組みといえます。社内人材で仕事を分担し合うメンバーシップ型においては、自社が求める能力・知識を一定水準で具備した人材を確保したいという会社の意図とも合致する施策です。

　一方で、ジョブ型の場合は、ポジションごとに必要な要件（能力・知識・経験など）が異なるものとして定められ、かつ、一人ひとりが自分自身でキャリア形成を考えるようになります。そうなると、階層別や年次別の取り組みの意義が薄れ、個々人向けにカスタマイズした支援が求められます。会社として用意すべきは育成（社員を主語とするとキャリア形成）のプラットフォームと多様な選択肢となります。一人ひとりが学びたいことを見いだし、必要な学びを得られるような仕組みを構築する必要があります。

　また、[図表11-5]は、ある企業が自律的なキャリア形成支援をサポートするために階層別の研修に代わって設けたキャリア形成プラットフォームです。サクセッションマネジメントの4機能とも連動させていますが、ポイントはPDCAサイクルのPである、育成計画を個人別に作成することでしょう。本人の意向を聞きながら、上司や人事部門がサポートする形で、自律的なキャリア形成を促す仕組みになっています。

　このプラットフォームを利用しながら、各自が必要な研修を選び、受講していきます。[図表11-5]のケースでは、「2-2／3-2研修・自己啓発カタログ（年間の研修計画）」で100を超える研修や通信教育が会社によって用意されており、自らの意思で自由に受講できる仕組みになっています。内容や時期を会社が一律に定めるのではなく、自分で選び、活用するためのプラットフォームとして有効に機能しています。

④リカレント教育

　健康寿命が延び、就労期間も長くなる中で「学校で学び、最初の仕事に就いた後に、『教育』と『就労』のサイクルを繰り返す『教育制度』の

図表11−5 キャリア形成プラットフォームの例

人材育成のPDCA	前提	P	D（人材開発）育成	D（人材開発）異動・配置	C 評価・測定	C 選抜	A
人材育成に必要な取り組み	求める人材要件	個人別の人材育成計画立案	計画に基づく取り組み推進	計画に基づく異動・配置	多面的に人材の能力・実績・適性などを評価	基準に基づく選出	育成（成長）に向けた直近のP・Dの振り返り（面談）
実施事項	自社で育成すべき人材像の明確化と取り組みに関する説明	1	3	4	5	6	7

前提（1）
- 1−1 能力基準（汎用）
- 1−2 能力基準（職種別）
- 1−3 本気の組みの説明資料

P（2）
- 2−1 育成計画フォーマット
- 2−2／3−2 研修・自己啓発カタログ（年間の研修計画）
- 2−3／3−3 OJTガイドライン
- 2−4／3−4 上司向け人材育成に関する説明・研修

D 育成（3）
- 3−1 選抜人材向け育成プログラム

D 異動・配置（4）
- 4−1 求められる経験職種・業務
- 4−2 ジョブローテーション

C 評価・測定（5）
- 5−1 能力基準判定用シート
- 5−2 選抜人材向けアセスメント
- 5−3 人事評価

C 選抜（6）
- 6−1 選抜人材選出基準
- 6−2 選抜人材選出手法

A（7）
- 7−1 フィードバック面談ガイド
- 7−2 選抜人材向けFB面談ガイド
- 7−3 キャリア面談

現場での運営に必要な仕組み・ツール等

経営・人事部門が使用する仕組み・ツール

必要なアウトプット

※5−4、5−5に随して能力判定データベース作成も実施

- 5−4 組織別アセスメントシート
- 5−5 個人別アセスメントシート

- 共通の仕組み・ルール
- 選抜人材向け仕組み・ルール
- 他の人事施策

こと」を「リカレント教育」といいます。企業においては、「リスキル（新しい能力・知識を身に付けること）」の意味で使われることもあります。

　自律的なキャリア形成を支援するという観点では、環境変化などによって会社内で必要とされるポジションも変化（新設や廃止など）することが想定されます。そういった変化に対応するために、自らが習得すべき能力や知識が変わってくることをあらかじめ見越し、新しい能力・知識を習得する機会を設けることと、それらの必要性を啓発することが企業に求められます。

　リスキルのための新しい研修を設けるだけでなく、学び直すための休暇などを組み合わせる場合もあります。

⑤異動配置とゼネラリスト育成の在り方

　前章の人材確保において、ジョブ型では本人の意向を踏まえない社命による異動は原則行われないということを説明しました。これは、さまざまな職種や職場を経験し、社内のさまざまなこと（あくまでその会社内でのこと）に詳しいゼネラリストの育成は行われないことを意味します。ジョブ型では社員はポジションベースでキャリア形成を考えるために、具体的なポジションと連動しないキャリアゴールの設定が想定されないことが、ゼネラリストの育成が行われないことの背景にあります。

　一方で、今後、ジョブ型に移行する企業の場合でも、これまで行ってきた定期的な人事異動を急にやめることは難しいと考えられます。社員側の理由としてはマインドセットやスキルセットとの乖離（かいり）が大きいこと、会社側の理由としては人材の異動に直結するジョブ型特有の任免の仕組みと運用が定期人事異動の前提と大きく異なることが挙げられます。したがって、ジョブ型への移行を進める場合、まずは「異動前に本人の意向確認を行う（本人が拒む異動はしない）」「一部のポジションや職種から限定してスタートする」など、段階的に移行していくことが効果的です。特に前者の本人の意向確認を行うことは、結果として自律的なキャ

リア形成の土壌を育むことにもつながります。

［ 3 ］保有している実力を遺憾なく発揮するための施策

　最後に、「⑥オンボーディング」「⑦メンター制」「⑧Performance Improvement Plan（PIP）」です。実力を持った人材がその実力を発揮できるようなサポートを行うことは、メンバーシップ型でもジョブ型でも必要です。ただ、ジョブ型の場合はポジションごとの要員数と職務が厳格に定められているため、足りない部分を補い合うメンバーシップ型と比べると、一人ひとりが明確に課された期待レベルを発揮する必要性が一層高くなります。つまり個々人のパフォーマンスが組織業績に直結するということです。そのため、この⑥〜⑧の取り組みの必要性が高まっているといえるでしょう。

⑥オンボーディング

　自社で初めて働く人のために、新卒入社とキャリア入社（エグゼクティブを含む）の区別なく、入社直後に集中的に行うオリエンテーションを「オンボーディング」といいます。

　オンボーディングは、オンボード（On Board：船や飛行機に乗っている）という言葉から派生したもので、人事で使われる場合は「新たに入社した人材を職場になじませ、定着・戦力化するまでの一連のプロセス」とされます。

　これまで新卒入社中心で人材を確保してきた企業では、新卒入社者に対して数週間〜数カ月間の長期の研修を提供し、仕事に必要な知識だけでなく、自社における仕事のやり方や作法、コミュニケーションの取り方など、暗黙知的な要素について習得する機会を設けているケースも多いと思います。これを新入社員だけでなく、すべての入社者に適用拡大するイメージに近いでしょう。ただし、人事部門がすべて対応するものではなく、入社者を受け入れる現場にも、職場全体での受け入れ方やルールを明示することがこれまでの取り組みとの違いです。

オンボーディングが求められる背景には、キャリア入社者が新しい会社の風土や慣行などになじめないことでの、早期退職の顕在化が考えられます。加えてジョブ型の場合は現場での人事運営が求められることから、急速に普及しつつあるといえるでしょう。

⑦メンター制

メンター制とは、社員に対して「仕事に限定せず、個人的なものも含めて問題や悩みの相談に乗ってくれるメンターを設定する」制度です。仕事の相談だけではないので、一般的には上司・部下で行うというよりは、異なる組織の上位ポジションの社員がメンターに就くケースが大半です。既に広く認知され、導入している会社も多いと思いますので、メンター制自体の詳細説明は省略し、ここでは、ジョブ型を運用する上でのメンター制の位置づけについて解説します。

ジョブ型において特にメンター制に求められる機能としては、❶自律的にキャリア形成をする際のサポート、❷社内で仕事を円滑に進めるための社内ネットワークの橋渡しの二つがあります。

❶自律的にキャリア形成をする際のサポートについて、本章で繰り返し述べてきたように、ジョブ型では自分のキャリアは自分で切り開くという自律的なキャリア形成が前提になっています。キャリアの選択肢が複数ある中で、本人が多くの悩みを抱え、キャリアの選択を迷うケースも増えるでしょう。その際に、異なる職種や役職からの客観的な視点を持ったメンターがアドバイスを提供することで、悩みの解決につながるヒントが得られるといったサポートが期待されます。

❷社内で仕事を円滑に進めるための社内ネットワークの橋渡しは、ジョブ型に特に期待される機能といえるかもしれません。同一の職種でキャリア形成を行うことが多いジョブ型の場合、職種をまたぐ異動がメンバーシップ型よりも少なくなるため、異なる職種の社員とのネットワーク形成が進みにくいという特徴があります。そのため、コミュニケーションを活性化するイベントを催すなど、さまざまな取り組みを行いますが、

やはり一番有益なネットワーク形成方法は「人の紹介」です。組織をまたぐ調整が必要な際に、メンターの紹介などで該当組織のキーパーソンなどと接点を持つことができるなど、具体的な効果が期待されます。メンバーシップ型では当たり前だったことが、ジョブ型に転換するとそうでなくなるケースもありますので、そのようなギャップを埋めるための取り組みとして活用するとよいでしょう。

⑧Performance Improvement Plan（PIP）

　Performance Improvement Plan（PIP）は「業務改善計画」とも呼ばれ、社員の業績改善や成績向上を促すために作成される計画を指します。Performance Improvement "Program" とされる場合もあります。

　PIPでは、課された職務に対して、期待を下回るパフォーマンスが継続している社員に3～6カ月程度の期間を定め、パフォーマンスが上がらない要因の特定とともに改善のための具体的な計画、達成すべき数値目標などを定めます。これは通常の人事評価とは別に行われ、上司を中心に人事部門などがサポートしながら実施されます。

　このPIPがジョブ型において必要となる背景には、やはり適所適材という考えがあります。ポジションに就いている人材のパフォーマンスが低調なままでは、もともとの要員計画が充足されていないことと同義であり、早急に改善が求められます。現任者が早期にキャッチアップするか、それが難しい場合には後任を早急に探す必要があります。そのために、PIPで短期での改善を目指すとともに、次善の策としてそれが難しい場合の判断を早めに行い、円滑な後任の選定を行う準備を進めなければなりません。

　PIPでは計画、面談、実績などの履歴を残しておくことが最も重要になります。現職継続あるいは交代といった場合には現任者や周囲が納得する説明をする必要があり、そのための論拠となる事実をきちんと残しておくことが求められます。また、該当ポジションのジョブディスクリプションに基づいた妥当な計画であることや、面談でも厳しさだけでな

く、前向きな内容を伝えるなどの配慮や工夫が求められます。これらの支援を専門に行う会社もあるため、実施する際にはサポートを依頼するとよいかもしれません。

3 企業の動向

　本章の最後に、MURCが2021年に実施したサーベイの結果を紹介します[図表11−6]。ジョブ型導入済みの企業と未導入の企業とで、どのような施策を実施しているかの比較をしたものです。

　共通する傾向としては、「本人のスキル・キャリアに応じた職務・学習機会の提供」「将来の転勤に関する本人への意思確認（自己申告含む）」が多く実施されています。これらの施策は比較的導入しやすい（現状からの変革のハードルが高くない）ことからも、他の施策よりも早く導入されていると考えられます。

　一方で、導入済みの企業において特徴的なのが、「『ジョブ型』の考えに基づき人材マネジメントができる管理職の育成」が18.37％と、未導入企業の1.5倍以上になっている点です。詳細は第14章で解説しますが、ジョブ型ではさまざまな取り組みが現場主導で行われるようになるため、現場管理職の人材マネジメントに関する知見がこれまで以上に必要になってくるという問題意識が、ここに表れていると考えられます。現状ではまだその問題意識が顕在化していない企業も一定数存在すると想定されますが、時間の経過とともに、この比率がもっと高くなるのではないでしょうか。

図表11-6　育成(配置)に関する施策の実施状況

質問：「育成」「配置」に関する施策について、【現在】自社で実施しているものをすべて選択してください（複数選択可）

ジョブ型導入済みの企業

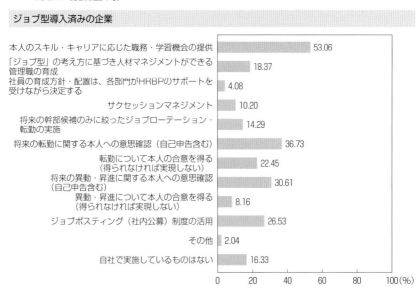

項目	値
本人のスキル・キャリアに応じた職務・学習機会の提供	53.06
「ジョブ型」の考え方に基づき人材マネジメントができる管理職の育成	18.37
社員の育成方針・配置は、各部門がHRBPのサポートを受けながら決定する	4.08
サクセッションマネジメント	10.20
将来の幹部候補のみに絞ったジョブローテーション・転勤の実施	14.29
将来の転勤に関する本人への意思確認（自己申告含む）	36.73
転勤について本人の合意を得る（得られなければ実現しない）	22.45
将来の異動・昇進に関する本人への意思確認（自己申告含む）	30.61
異動・昇進について本人の合意を得る（得られなければ実現しない）	8.16
ジョブポスティング（社内公募）制度の活用	26.53
その他	2.04
自社で実施しているものはない	16.33

ジョブ型未導入の企業

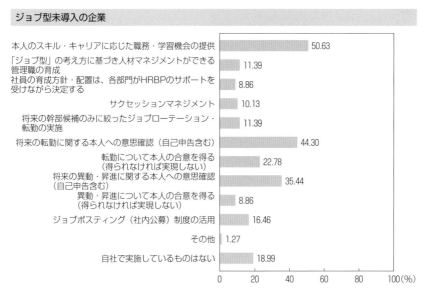

項目	値
本人のスキル・キャリアに応じた職務・学習機会の提供	50.63
「ジョブ型」の考え方に基づき人材マネジメントができる管理職の育成	11.39
社員の育成方針・配置は、各部門がHRBPのサポートを受けながら決定する	8.86
サクセッションマネジメント	10.13
将来の幹部候補のみに絞ったジョブローテーション・転勤の実施	11.39
将来の転勤に関する本人への意思確認（自己申告含む）	44.30
転勤について本人の合意を得る（得られなければ実現しない）	22.78
将来の異動・昇進に関する本人への意思確認（自己申告含む）	35.44
異動・昇進について本人の合意を得る（得られなければ実現しない）	8.86
ジョブポスティング（社内公募）制度の活用	16.46
その他	1.27
自社で実施しているものはない	18.99

資料出所：三菱UFJリサーチ＆コンサルティング「ジョブ型雇用の実態調査（2021年8月実施）」

第12章

エンゲージマネジメント

　前章でも、ジョブ型におけるエンゲージメントの重要性について触れました。ジョブ型においては従来のような"就社"ではなく、"就職"という考えが前提となります。社員の視点で捉えれば、キャリアップや働きやすい環境があれば、現在勤めている会社から別の会社に転職することをいとわないようになっていきます。

　会社からすると、貴重な人材を自社に惹きつけておく必要性が高まり、そのために必要な要素として「エンゲージメント」が注目を集めています。本章では、エンゲージメントの定義とともに、これらをどのようにマネジメントしていくかについて解説します。

1 エンゲージメントの定義

　エンゲージメントは「従業員が会社や仕事、自社のブランドに対して持っている愛着や誇り、関係の深さ」と定義されます。従前から会社内で意識されていた従業員満足度（ES：Employee Satisfaction）とは似て非なる概念です。従業員満足度が「仕事そのもの、職場環境、待遇等に対する従業員の満足度」であるのに対し、エンゲージメントは「仕事から活力を得ていきいきとしている」（活力）、「仕事に誇りとやりがいを感じている」（熱意）、「仕事に熱心に取り組んでいる」（没頭）の三つがそろった状態（職業性ストレスとワーク・エンゲイジメント）（『ストレス科学研究』島津明人，2010年を参考）とされ、バーンアウト（燃え尽き症候群）の対極に位置づけられる概念です[図表12−1]。エンゲージメントのスコアが高い社員は、組織へのコミットメントが高く、離職意志が低いことも明らかになっています。

図表12-1 エンゲージメントと成果(アウトカム)との関連

※1 「仕事の資源」とは、仕事において、1)スト
レッサーやそれに起因する身体的・心理的コス
トを低減し、2)目標の達成を促進し、3)個
人の成長や発達を促進する機能を有する物理
的・社会的・組織的要因である。

※2 「個人資源」とは、「自分を取り巻く環境を上
手にコントロールできる能力やレジリエンスと
関連した肯定的な自己評価」であり、目標設定、
動機づけ、パフォーマンス、仕事や生活への満
足感などと正の関連を有していることが報告さ
れている。

資料出所:「ストレスチェックの集団分析と職場環境の改善:ストレスチェックの戦略的活用に向けて」(『行動
医学研究』Vol.23, No.2(島津明人,2018年)、「職業性ストレスとワーク・エンゲイジメント」(『ス
トレス科学研究』(島津明人,2010年)を基に三菱UFJリサーチ＆コンサルティング作成

　コミットメントや離職意識など人材マネジメントにおいて実現したい
要素とエンゲージメントとの関連が研究結果でも明らかになってきてお
り、エンゲージメントを数値化し、KPIなどの目標に落とし込むことで
改善に向けた取り組みができるようになります。
　エンゲージメントの定義と、エンゲージメントに影響を与える指標を
整理すると、前掲[図表11-1](198ページ参照)となります。これらを
活用してエンゲージメントをマネジメントしていくことが可能となります。

② エンゲージメントのマネジメント方法

　ここからはエンゲージメントをマネジメントするための方法について、
プロセスごとに説明していきます[図表12-2]。

図表12-2 エンゲージメントのマネジメントプロセス

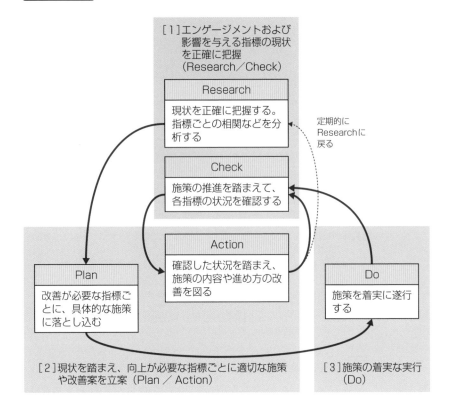

プロセスは、以下のとおりとなります。

[1] エンゲージメントおよび影響を与える指標の現状を正確に把握（Research／Check）

[2] 現状を踏まえ、向上が必要な指標ごとに適切な施策や改善案を立案（Plan／Action）

[3] 施策の着実な実行（Do）

これらのプロセスを通じて、エンゲージメントの向上に向けた改善を図り続けることが求められます。

それでは、各プロセスについて確認していきます。

[1]「エンゲージメントおよび影響を与える指標の現状を正確に把握（Research／Check）」の取り組み

最初に、「現状把握」について解説します。[図表12-2]にあるように、ここは大規模に行う「Research」と、頻度が高く、素早く対応していく「Check」があります。それぞれの位置づけの違いを見ていきます。

①Researchの取り組み：エンゲージメントサーベイ

このResearchでは、一般的なエンゲージメントに影響を与える指標をベースに、自社の問題意識などを踏まえて「自社のエンゲージメントの構造」と「実際のエンゲージメントの状況」を正確に把握することが目的となります。その際に行われるのがエンゲージメントサーベイです。

エンゲージメントサーベイは、上述の指標を基に設問を設計し、社員が回答することで実態を把握する取り組みです。自社で設問の設計から集計・分析を行う会社もありますが、専門会社が提供するエンゲージメントサーベイサービスを利用することが多いでしょう。専門会社が提供するサービスにも、「SaaS（Software as a Service）で提供され、定型の設問で実施することにより他社とのスコアの比較ができるサービス」と「設問自体を問題意識に合わせてカスタマイズし、個社向けに丁寧に掘り下げて分析するサービス」の2パターンがあります。

前者は比較的短期間に実施可能であり、実施に関するコストも抑えながら、自社のエンゲージメントの状況や各指標との関連が確認できます。自社の実態を把握することに重きを置く場合は、こちらのサービスが効果的でしょう。

一方で後者は、エンゲージメントに関連する問題意識が具体的にあり、その解決のための施策を見いだすなどの目的が明確な場合に有効です。こちらもWEBを用いたアンケート用のサイトを構築して実施することが多くなっています。従来のように書面で回答するケースもありますが、スマートフォンなどでも回答できる環境が整っているため、WEBで実施するケースが大半です。それぞれの特徴を把握して選択します。

図表12-3 エンゲージメントサーベイの実施プロセス

Step 1 課題仮説検討・調査項目設計	Step 2 調査実施	Step 3 結果集計・アナリティクス	Step 4 課題解決の方向性検討
✓インタビュー ✓仮説構築 ✓調査項目設定 ✓(適宜) 設問設計	✓実施準備 ✓アナウンス・説明 ✓調査回答 ※WEBのアンケートサイトなどを活用	✓集計 ✓データアナリティクス ✓課題抽出	✓全社施策・組織施策の優先順位づけ ✓報告会実施 ✓フォローアップ支援

[図表12-3]は実施プロセスを時系列で表したものです。SaaS型の定型的な設問で行う場合、Step 1 が簡素化される場合もありますが、大半はこの4ステップで行います。

明確な問題意識がある場合は、Step 1 で課題仮説を検討し、それに基づいて調査項目を設定し、設問に落とし込みます。その場合は、[図表12-4]のような影響要素を活用します。

このようなステップを経てエンゲージメントサーベイを行い、組織別のレポートにして現状を把握していきます。

②Checkの取り組み：パルスサーベイ

パルスサーベイ（Pulse Survey）とは、簡易調査（数問程度で1分ほどで終わる調査）を1週間〜1カ月単位の短期間に繰り返し実施する手法のことです。パルス（Pulse）とは日本語で「脈拍」のことで、まさに人の脈のようにこまめにチェックし、変化の予兆を素早く把握することを目的とした取り組みです。質問紙などを用いた調査は、準備や実施、回収から集計までに時間や手間がかかるため、このように短期間で繰り返し実施することは現実的ではありませんでしたが、テクノロジーを活用することでこれらの手間が劇的に削減され、多くの企業で活用されるようになってきました。

パルスサーベイの特徴は、「変化の予兆を把握できること」です。これ

図表12-4 エンゲージメントに影響を与える要素

成 果 指 標	影 響 要 素	
ワークエンゲージメント	上司	上司からのパフォーマンス・フィードバック
		上司のサポート
	仕事	仕事のコントロール
		職務適性感
	環境	革新的な風土
		組織と個人との価値の一致
		組織サポート
	評価・処遇	組織的公正
		報酬
組織コミットメント	仕事	役割曖昧性
		成長欲求の強さ
	環境	周囲からの信頼
	評価・処遇	手続き的公正

は良い予兆、悪い予兆、いずれのケースも当てはまります。立案した施策の実行を経て、エンゲージメントや指標が意図した方向に変わっていっているのかを"Check"する場として活用できます。1年に1回など大規模に行うエンゲージメントサーベイと位置づけを区別しながら併用することが効果的です[**図表12-5**]。

　また、このパルスサーベイでは、退職傾向がある社員や心身の不調を訴える可能性がある社員などの予兆も、一定の確率で把握することができます。多くの会社でパルスサーベイを実施した経験豊富な外部の専門家であれば、典型的な予兆のパターンを把握しているため、自社における予兆を把握するために相談すれば、スピーディーに対応できるでしょう。まさに自宅で行う血圧や体重のチェックのように、こまめにかつ定期的に行うことが効果的です。

エンゲージメントサーベイとパルスサーベイの使い分け例

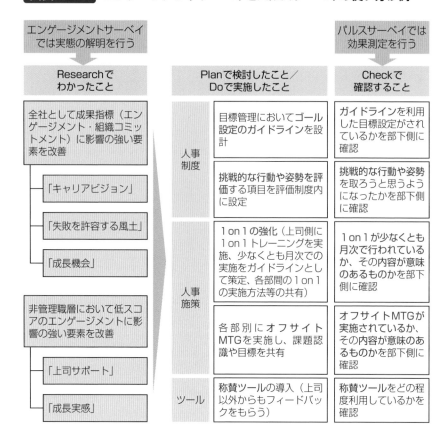

<table>
<tr><td colspan="2">エンゲージメントサーベイ
では実態の解明を行う</td><td></td><td>パルスサーベイでは
効果測定を行う</td></tr>
</table>

Researchで わかったこと		Planで検討したこと／ Doで実施したこと	Checkで 確認すること
全社として成果指標（エンゲージメント・組織コミットメント）に影響の強い要素を改善	人事制度	目標管理においてゴール設定のガイドラインを設計	ガイドラインを利用した目標設定がされているかを部下側に確認
「キャリアビジョン」 「失敗を許容する風土」 「成長機会」		挑戦的な行動や姿勢を評価する項目を評価制度内に設定	挑戦的な行動や姿勢を取ろうと思うようになったかを部下側に確認
非管理職層において低スコアのエンゲージメントに影響の強い要素を改善	人事施策	1on1の強化（上司側に1on1トレーニングを実施、少なくとも月次での実施をガイドラインとして策定、各部間の1on1の実施方法等の共有）	1on1が少なくとも月次で行われているか、その内容が意味のあるものかを部下側に確認
		各部別にオフサイトMTGを実施し、課題認識や目標を共有	オフサイトMTGが実施されているか、その内容が意味のあるものかを部下側に確認
「上司サポート」 「成長実感」	ツール	称賛ツールの導入（上司以外からもフィードバックをもらう）	称賛ツールをどの程度利用しているかを確認

［2］「現状を踏まえ向上が必要な指標ごとに適切な施策や改善案を立案（Plan／Action）」の取り組み

　続いて、「施策や改善案の立案」について解説します。[図表12－2]にあるように、長い時間軸できちんとした計画を立案する「Plan」と、Checkを受けて素早く改善を目指す「Action」があります。

①Plan：社員のエクスペリエンスデザインとそれに基づいた施策

　大規模なエンゲージメントサーベイの結果を受けて行うべきPlanでは、

自社社員のエンゲージメントに影響を与える指標を正確に把握した後、各指標を改善する上での打ち手を検討することになります。各指標の改善に効果のある打ち手として想定されるものはありますが（**[図表12－6]** 参照）、それに飛び付くのではなく、自社の結果や組織風土などを勘案しながら取り組むべきことを明確にしていきます。自社内で検討を進めると、どうしても過去の成功体験や失敗体験に引っ張られるケースが多くなります（例：過去にコーチ制度を試したが形骸化したため、うまくいかないと決めつけてしまう）。パルスサーベイにおける予兆と同様に経験豊富な専門家に相談することで、効果的で確度の高い打ち手をスピーディーに検討できる可能性が高まります。ゼロベースで何が必要かを突き詰めて考える機会であると捉え、検討することが肝要です。

図表12－6 指標ごとの打ち手（例）

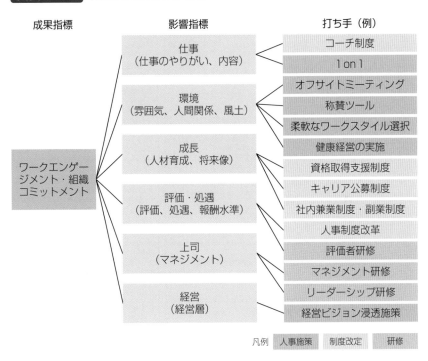

図表12－7 エクスペリエンスを整理するためのジャーニーマップ(例)

		ファーストステージ 新卒入社～10年目	セカンドステージ 10年目～管理職昇格前
ステージの位置づけ		■定期的な人事ローテーションを通じ多様な業務を経験し、自らの適性を探る	■自身の適性・強みを見いだし、それを活かせる領域を特定する ■領域でのプロを目指してスキル・経験を積み上げる
会社視点	従業員に期待する行動	■未経験の業務に対しても積極的に取り組む ■業務を通じて基礎スキル・能力を向上する ■ローテーションを通じ、自社を深く理解する	■自身の適性や強み・弱みを捉える。併せて職種とのマッチングを図る ■プロへの成長を見据え、意識的に上位者の役割に挑戦する
	従業員に期待する志向	■好奇心(自身の可能性を模索する) ■挑戦(未経験の業務にも積極的に取り組む) ■柔軟性(新しい環境に素早く対応する)	■メタ認知(自分自身のことを深く理解する) ■挑戦(上位役割に挑む) ■主体性(キャリアを自ら考え、デザインする)
従業員視点	行動的障壁 (期待する行動を取ることが難しい理由はあるか)	■社会人として基礎スキルが不足している ■異動先での新しい業務へのキャッチアップや人間関係の構築が難しい	■適性・強みを考える方法がわからない ■自身の考える得意分野と周囲からの評価が一致しない ■プロに必要なスキルが不足している
	心理的障壁 (期待する志向を持つ上でどのような懸念があるか)	■一定期間で未経験業務に従事することになり、タフな働き方となる ■キャリアをコントロールできず、受け身になりやすい	■自分自身を見つめ直す機会がない ■上位役割への挑戦に抵抗感がある
会社のサポート方針(従業員の障壁を解消する施策)	人事制度	■職能資格を軸とし、一部職務型(職務給)を導入し、能力の伸長とともに自身のマーケットバリューを意識させる環境を整備する	■職務型(職務給)を導入し、自身のマーケットバリューを意識させ、日常的に向上させることを促す環境を整備する
	Off-JT・研修	■研修を通じて、自社の各職場で働く上での基礎スキル・知識の習得を促す	■研修を通じて、領域のプロとして必要なスキルを付与する ■一部対象者には選抜型研修により、早期からサクセッションを意識させる
	OJT	■職場でのOJTを通じて、実践的なスキル・知識の習得を促す ■併せて、職場の受け入れ態勢(ガイドラインなど)を整える	■上司が、意識して上位者の役割を任せる
	ローテーション	■定期的な人事ローテーションを実施する(10年で異なる3部署を標準と設定) ■一つひとつのローテーションに目的を持たせる(身に付けることの明確化)	■自ら異動先の職種を選択する機会(異動希望調査など)を与える ■一部対象者(選抜型研修参加者など)はタフアサインメントの対象とする
	キャリア開発	■会社の育成方針を社員に的確に伝達する(ローテーションによる幅広い業務経験の付与)	■自己分析(強み・弱み/キャリア)の方法・機会を提供する ■会社から「本人に対する期待」や「本人の強み・弱み」を伝達する機会を設ける
	その他支援	■人事評価を通じ、スキルの習得状況を定期的にフィードバックする	■人事評価を通じ、本人に必要な(不足する)スキル・知識・経験を確認させる

[注] 本内容は人事部門内での利用を想定したものであり、従業員に開示するものはマスキングや表現の修正を行う。

サードステージ 管理職	ファイナルステージ 役職降職／退職〜現役引退
■自ら定めた領域のプロとして組織貢献を行う ■領域の深化・拡大を目指し、継続してスキル・経験を積み上げる	■これまで培ったスキル・能力を活かせるキャリアを見定め、そこに向けて磨き上げる
■選択したキャリアで自らを成長させる環境を整える ■キャリアを自律的に形成する	■スキル・能力を活用し適切な職務（役割）を見定め、そのための準備をきちんと遂行する ■後進の成長を支援する
■成長志向（成長に資する活動に、積極的に取り組む） ■自律性（これまでの経験を前提に、自ら選択して歩む）	■安定感（スキル・能力を活用し、確実に周囲に貢献する） ■チャーミング（年下の上司や同僚などが接しやすい雰囲気を醸し出す）
■明確な得意領域がなく、選択ができない ■自分の意思では、環境を整えられない	■専門スキルを持たない（と感じる） ■リカレント（学び直し）がうまく進まない ■知識・スキルを伝承するノウハウを持たない
■主体性・自律性を求められても適応できない ■どのように成長していけばよいか、わからない	■モチベーション低下（役割や給与が変わることで、"キャリアの終わり"感を覚えてしまう） ■後進への対応（権限委譲やマインドのリセットなど）がうまくできない
■職務型（職務給）を導入し、目指す次のキャリア（ポジション）を明確にできる環境を整備する	■職務等級制度とし、一人ひとりが従事する職務に即した処遇を前提とする
■選択したキャリアにおいて必要な学習機会を提供する（社内における研修の実施） ■選抜型研修により、次期経営幹部層を育成する	■スキル・能力の磨き上げの手法を提供する ■チャーミングの必要性と発揮を促す気づきを提供する ■業務を適切に引き継ぐノウハウを提供する
（該当施策なし）	
■自身で異動希望先の部門を明言する機会（公募制度、FA制度など）を与える	■個人のスキル・能力に応じた、活躍できる環境を整える
■個人のキャリア開発を、側面から支援する（社内の選択肢を適切に伝える） ■必要であれば社外転身の可能性も提示する	■自らのキャリアを振り返り、強みを見いだしてもらう（キャリアカウンセリングの実施） ■前向きに働くモチベーションを喚起する ■該当年代の役割（選択肢）を適切に伝える
■選択したキャリアにおいて必要な学習機会を提供する（社外学習コンテンツの提供）	（該当施策なし）

このように指標ごとに個別の打ち手をPlanとして落とし込んでいく場合、ベースとなる考えが定まっていると施策に一貫性が出て、社員へのメッセージも強化されます。会社が社員に提供する機会や施策とともに、会社が社員に期待することを、自社での就労のきっかけから、就労中そして卒業までの流れを時間軸でストーリーとしてまとめたジャーニーマップを作成しておくと、エンゲージメント向上のためにどのような施策がふさわしいかの絞り込みやすくなります[図表12－7]。

　会社が人材を選ぶだけでなく、会社も人材に選んでもらう立場であることを意識した打ち手をきちんと展開できるように、このようなジャーニーマップに自社の思想を落とし込んでおくとよいでしょう。

②Action：社員へのクイックな対応

　ここでのActionは、パルスサーベイなどで収集した情報を基にした素早い対応を意味します。緻密に練り上げて打ち手を考えるPlanとは異なり、実行した打ち手に対する社員の声を受けて、すぐにできる改善項目を特定し、間を空けずに改善していきます。

　Actionでは迅速な対応が必要になりますが、出てきた意見に対してもぐら叩きのように端から対応していけばよいものでもありません。きちんと事実をつかんだ上で、優先順位を付けて対応する必要があります。そのためにも、「当事者に話を聞きに行くこと」「できることはすぐに対応すること」「できないこと、難しいことはきちんとまとめておき、次のPlanに活かすこと」の3点に留意する必要があります。

　「当事者に話を聞きに行くこと」は、読んで字のごとく、パルスサーベイ等に寄せられた意見主に直接連絡し、その真意や実態、意向を確認することです。記名式で実施している場合は本人に連絡しますが、無記名で実施している場合は意見があった部門の部門長などに相談することになります。パルスサーベイでは選択式の設問が大半で、最後にフリーコメント欄を設けることが多いと思います。フリーコメント欄に意見を寄せる社員は、何らかの考えや想いを持っていると考えられます。そういっ

た社員や部門長に対して個別にアプローチし、意見を聞いて本音や事実を吸い上げることは、エンゲージメント向上への対応を検討する上でとても有益な活動です。

　社員数の多い大企業の場合、ここまで個別の対応を行うことは難しいかもしれません。その場合は、パルスサーベイで予兆（該当組織のあるスコアが一定値以上／以下になった場合など）が見られた組織にフォーカスし、個別の意見を確認するなどの優先度の工夫が効果的です。

　収集した意見等を受けて、「できることはすぐに対応すること」が重要ですが、すぐの対応が難しい場合は「できないこと、難しいことはきちんとまとめておき、次のPlanに活かす（こと）」まで丁寧に対応するようにしておくとよいでしょう。社員は、パルスサーベイなどへの意見を述べた後の会社側の対応をきちんと見ているものです。収集した意見への対応は、誠実に行う必要があります。

［ 3 ］「施策の着実な実行（Do）」の取り組み

　施策を実行するためには、人事部門だけで取り組むのではなく、現場のマネジメント層、特に影響力の強いキーパーソンを巻き込みながら進めることが効果的です。各部門のキーパーソンが、実施を検討している打ち手に賛成／反対／様子見のいずれのスタンスなのかを見極めると、実際の導入に向けた社内コミュニケーションの準備が変わってきます。

　反対意見のキーパーソンがいた場合は、「誰が」「どのように」説明（説得）をするかまでシナリオに落とし込むほど、丁寧に進めるくらいがちょうどよいです。キーパーソンに納得してもらうための説明の方法にも複数のパターン（他社事例を活用、アカデミックの権威の意見を活用、社内世論を活用など）を持っておくと、臨機応変な対応ができます。

　また、社内への告知方法、コミュニケーション方法もさまざまなものがあります。コミュニケーションの目的も以下の五つに分解されます。

①認知：打ち手や取り組みが必要な背景を知ってもらうこと

②理解：具体的に何をしなければいけないか、何を変えなければいけないかを正確に理解してもらうこと

③行動：理解した内容をきちんと行動に反映（変える、やめる、新しく始めるなど）してもらうこと

④推進：取り組みを進める上での成功事例やノウハウを伝えてスムーズに推進してもらうこと

⑤検証：打ち手や取り組みの成果や改善を共有し、改善行動を理解してもらうこと

　コミュニケーションの対象とともに、目的・狙いに応じて最適な取り組みを選定して実施していきます[図表12－8]。

　エンゲージメント向上への取り組みは、実践してこそ効果が期待でき

図表12－8 コミュニケーションの目的・狙いに応じた取り組み（例）

ステップ	①認知	②理解	③行動	④推進	⑤検証
コンテンツ	背景・必要性	現場で求められる具体的な行動		成功事例	改善行動
経営層	経営層のコミットメントと実践、トップからの継続したメッセージ				
管理職	取り組みを推進するキーパーソンの育成・配置				
	説明会（キャラバン）	管理職トレーニング		ワークショップ	フィードバックセッション
一般社員	ニュースレターの発信（定期）				
	啓発ポスター	ラウンドテーブル			
	ビデオメッセージ	社長賞・社内表彰			
				事例の共有	
				FAQ	

ますので、人事部門としても立案だけでなく、どう実行するかまでを見越して対応することが必要になります。

3 エンゲージメント向上に寄与する多様な働き方

　本章の最後に、昨今多くの会社で検討され、導入されている多様な働き方を実現する制度についても紹介します。多様な働き方については、エンゲージメント向上はもちろん、人材確保にも有益な取り組みといえます。どのような選択肢があり、どのような特徴があるかを見ていきます。

[1]多様な働き方の類型

　多様な働き方を検討する場合、「社内の働き方」と「社外を含めた働き方」で整理すると検討しやすいでしょう[図表12-9]。

　それぞれの制度を導入し、効果的に運用するためには、あらかじめ想定される問題を解決しておく必要があります。各制度に共通して注意が必要なことに、「適用される社員に偏りが出ないか」というものがあります。例えば、在宅勤務やフレックスタイム制度は、事務職や営業職であれば利用しやすいかもしれませんが、工場で働く生産職などは利用が難しいことが多くあります。そうなると、制度の恩恵を受けることができない社員の不満がたまる可能性があります。

　この場合には、代替措置として利用が難しい職種のみが適用される福利厚生（例：食堂利用補助、職場内懇親会の補助、私的な家族旅行費用の補助など）を設けるなど、全社員が得られる便益のバランスを考慮することも、エンゲージメント向上あるいはエンゲージメントの低下防止のために必要になります。

図表12−9 多様な働き方を実現する制度の類型

	制度	概要	一般的な導入の狙い（メリット）	導入時に問題となりやすい事項
社内の働き方	(1)在宅勤務	自宅を就業場所とする制度	■柔軟な働き方を通じた生産性の向上 ■リモートワークを活用した人材の採用・定着	■日常のコミュニケーションの質・量の低下 ■適用が難しい職種からの不満
	(2)フレックスタイム制度	日々の始業・終業を本人の選択に委ねる制度	■柔軟な働き方を通じた生産性の向上	■勤務態度・モラルの悪化 ■労働時間管理の仕組みの構築
	(3)裁量労働制	日々の労働時間は、労使であらかじめ定めた時間を働いたものとみなす制度	■自律的な働き方を通じた生産性の向上	■長時間労働等による心身の不調 ■適用可能な対象者・職種の制約
	(4)勤務エリア限定制度	本人の希望・事情に合わせて、勤務地異動・転勤の範囲を限定する制度（時短勤務）	■多様な人材の活用（女性社員の活躍支援を含む）■転勤・異動を理由とした離職の抑制	■制度利用の認定事由 ■制度適用時の処遇
	(5)勤務時間限定制度	本人の希望・事情に合わせて勤務時間を短縮する制度（時短勤務）	■多様な人材の活用（女性社員の活躍支援を含む）	■制度利用の認定事由 ■時短勤務時の評価（目標設定）方法
	(6)ワーケーション	リモート勤務により休暇と就業を両立させる制度	■休暇取得率の向上（特に長期休暇を通じた、社員のリフレッシュ促進）	■リモート勤務の適用が難しい職種からの不満
	(7)フリーバケーション	出張前後で一定の休暇を取得できるようにする制度	■休暇取得率の向上（社員のリフレッシュ促進）	■出張の多募による不満
社外を含めた働き方	(1)他社出向	在籍したまま、一定期間（半年～）他社の業務に従事し、期間終了後は戻る制度	■マネジメント経験や専門性の向上等、本人のキャリア形成支援機会の提供 ■他社との技術交流を通じたイノベーション促進 ■雇用調整（整理解雇回避）策の一環	■出向期間中の処遇や費用負担の合理的な取り決め ■出向対象者の選定
	(2)兼業	所定労働時間を短縮し（例：自社は週3～4日勤務）、社外の業務に従事する制度	■本人の自律的なキャリア形成支援（離職抑制につながるケースもあり）	■兼業の許可要件 ■兼業時の労働時間管理の仕組みの構築
	(3)副業	所定労働時間"以外"の時間（勤務時間前後や休日）に社外の業務に従事する制度	■給与以外の収入機会の提供	■副業の許可要件

［2］定年延長・定年廃止とジョブ型

　ここで、定年延長・定年廃止についても触れておきたいと思います。ポジションに基づいて処遇を行うジョブ型は、メンバーシップ型よりも定年延長との相性が良いといえます。ポジションを務める実力があり、かつ期待される成果を出し続けている場合、年齢にかかわらずポジションを継続することに何ら問題がないからです。メンバーシップ型は、後進に道を譲るといった新陳代謝がある運用を想定していることもあり、定年退職や役職定年が必要になりますが、ジョブ型を厳密に運用すれば、このような「年齢に基づいて処遇する一連の施策」が不要になります。

　ジョブ型へ本格的に移行するのであれば、エンゲージメント向上のためにも定年延長や定年廃止を積極的に検討されるとよいでしょう。

第13章

組織開発

　人材マネジメントに関する用語の中で、「組織開発」ほど個々人で解釈が分かれる表現はありません。そこで、読者の皆さんと組織開発に対する認識を合わせるために、数ある定義の中から立教大学大学院経営学研究科リーダーシップ開発コースの主査である中原 淳教授による組織開発の"ゆるふわ定義"を紹介します[図表13-1]。

　日本企業においてはスポットライトを長らく浴びることのなかった組織開発ですが、後述する理由から、2010年代以降、強い関心が寄せられるようになってきました。そこで本章では、[図表13-1]の定義を前提に、ジョブ型雇用の人材マネジメントにおいてどのような組織開発が求められるのかについて論じていきます。

1 ジョブ型雇用における組織開発の重要性

[1]日本型雇用では軽視されがちだった組織開発

　1960年代の高度経済成長期に端を発する日本型雇用は、「日本人」「男性」「新卒入社」「正規雇用」という四つの条件を主たる社員の前提とし

図表13-1 組織開発の"ゆるふわ定義"

> 「組織開発とは、組織をworkさせるための意図的な働きかけ」
> ①人を集めてもてんでバラバラで、チームの成果が出せない場合に
> ②あの手この手を使って、
> ③組織を「work（成果を出せるように）させる」意図的働きかけであり
> ④そのことでメンバーにやりとりが生じ
> ⑤チームの共通の目標に動き始める手助けをすること

資料出所：中原 淳・中村和彦『組織開発の探究―理論に学び、実践に活かす』ダイヤモンド社（2018年）

た仕組みとなっていました。そして会社は、社員の安定的な雇用と生活を保障する代わりに、配属部署および担当職務を会社一任とする新卒一括採用、長時間の時間外勤務を前提とした職務量の付与、本人の希望に基づかない職種をまたいだジョブローテーション、転居を伴う異動などの人材マネジメントを展開しました。すべての社員に就労上の制約が全くないかのような人事処遇を適用したのです。つまり、日本企業にとっての社員とは、会社に従属して就労することが当たり前の存在だったということです。そのため、多くの日本企業において、均質的な組織メンバーによる制約なき従属的就労を前提に、それぞれの会社固有の組織風土が醸成されることになりました。

「均質的な組織メンバーによる制約なき従属的就労」（以下、従属的就労）という一見ネガティブな表現を用いましたが、実は組織風土醸成だけの観点から考えれば、むしろポジティブな特長を有しているとすらいえます。なぜなら従属的就労によって、同僚や新卒入社同期との横のつながり、現在・過去の職場の上司・部下・先輩・後輩との縦のつながりが形成されやすく、これら横糸と縦糸が時間をかけて緊密に織り込まれた強固な組織風土が自然と醸成されるからです（学校別のリクルーターチームによる新卒採用活動を行っている会社では、出身学校によるつながりも形成されます）。やや口語的な言葉を用いれば、長らく苦楽を共にした"同じ釜の飯"を食った仲間たちによる独自の価値観や働き方の共有が自然と進むのです。

［図表13－1］で示した組織開発の定義①〜⑤に基づいて考えると、従属的就労では、①人を集めてもてんでバラバラの状況にはなりにくく、②③あの手この手を使って、意図的な働き掛けをせずとも、④メンバー間でのやりとりが生じやすく、⑤チーム共通の目標に向かって動きやすい組織を成り行きでつくることができるといえます。そのため、従属的就労、すなわち日本型雇用が有効に機能していた1990年代初頭のバブル経済崩壊までは、組織開発は日本企業から軽視されやすい傾向にありま

した（多くの日本企業で行われてきたQCサークル等の小集団活動を、組織開発の一環として見なすこともできますが、実際にそれらの活動を行っている日本企業の当事者に、組織開発のためという自覚はない場合がほとんどです）。

　しかし、バブル経済崩壊以降、「日本人」「男性」「新卒入社」「正規雇用」という従属的就労の前提が大きく崩れました。「外国人」「女性」「中途入社」「非正規雇用（派遣社員・期間従業員等）」という四つの観点から組織メンバーの均質性が徐々に失われていったのです。それに伴って就労者の価値観も多様化し、働き方にさまざまな制約が生じるようになりました。また、社員の高年齢化が同時並行で進展し、世代間でのギャップも顕在化しています。成り行きで良質な組織風土が醸成されるような古き良き時代が終焉する中で、2010年代以降、組織開発に日本企業からの注目が集まるようになりました。

[2]ジョブ型雇用における組織開発の役割

　ジョブ型雇用においては、国籍・性別・年齢といった人材の属人的要素の違いにかかわらず、ポジションごとの職務要件に基づいて登用・採用が行われることになります。そのため、日本型雇用からジョブ型雇用の人材マネジメントに移行すると、組織を構成するメンバーが次第に多様化していくことになります。

　ここで「遠心力」と「求心力」の関係を例に、ジョブ型雇用における組織開発の必要性について考えてみましょう。メンバーの多様化とは、組織としてのまとまりにくさ、すなわち「遠心力」が強まることを意味します。メンバーの働き方や価値観の方向性が多岐にわたるので、そのままでは組織を一枚岩にすることが困難です。日本型雇用では働き方や価値観の共有化が自然と進み、組織をまとめる「求心力」として機能しましたが、ジョブ型雇用では成り行きで「求心力」が生まれることはありません。何らかの意図的な取り組みによって組織内での「求心力」を

高めなければ組織としての一体感を醸成できず、企図した組織力を発揮させることが困難になります。この「求心力」を高めるための働き掛けが、ジョブ型雇用における組織開発の役割です。組織開発は、日本型雇用からジョブ型雇用へと移行する日本企業の人事部門にとって、真剣に向き合うべき重要なテーマの一つになるでしょう。

2 組織開発の施策例

　ジョブ型雇用における組織開発は、組織の求心力を高める重要な役割を担います。具体的にはどのような施策が組織開発として取り組まれることが多いのか、施策例を幾つか見ていきましょう。

[1]MVV、企業ウェイ等

　MVVとは「Mission Vision Value」を略した言葉です。Missionは「企業として果たすべき使命」、Visionは「企業の目指す姿または将来像」、Valueは「大切にする価値観」あるいは「行動指針」と日本語訳されることが多く、さまざまな企業で明文化されています。最近では「Purpose」という言葉を用いて、社会における存在意義を示す企業も出てきました。

　また、「企業ウェイ」は、事業活動における社員の思考・行動の拠り所になる原則を普遍的な文章で端的に示したものです。その例として、トヨタ自動車が2020年に策定した「トヨタウェイ2020」を紹介します[図表13－2]。もともとトヨタウェイは「全世界のトヨタ自動車で働く人々が共有すべき価値観や手法を示したもの」として2001年に初めて策定されました。その内容が約20年ぶりに刷新されたのです。自動車産業が100年に1度といわれる変革期にある中で、社員の基本的な思考・行動がどうあるべきかを、会社が社員に問い直したと見るべきでしょう。

　企業ウェイをMVVにおけるValueと区別することは難しく、ほかに

図表13－2 「トヨタウェイ2020」

```
「だれか」のために
誠実に行動する
好奇心で動く
ものをよく観る
技能を磨く
改善を続ける
余力を創り出す
競争を楽しむ
仲間を信じる
「ありがとう」を声に出す
```

資料出所：トヨタ自動車株式会社ホームページ
https://global.toyota/jp/company/vision-and-philosophy/
toyotaway_code-of-conduct/（2021年10月11日現在）

もクレドやスピリット、フィロソフィー、理念など、似たような概念の言葉が世の中で散見されます。これらを明確に区分する定義は存在せず、どういった表現で何を明文化するかはそれぞれの企業の判断に委ねられています。

また、読者の皆さんが所属する企業でも、こういったMVVや企業ウェイが策定されているかもしれません。その場合、社員への浸透度合いはいかがでしょうか。歴史の長い日本企業においては、MVVや企業ウェイが策定されていても額縁に納まって社是とともに壁面に飾られているか、カード化されて社員証とともにIDホルダーに入れられているだけといったケースが少なくないでしょう。それは、日本型雇用では既に社員間で暗黙的に価値観が共有されていることが多く、わざわざ文章化された拠り所に立ち戻る必要があまりなかったからです。

しかし、ジョブ型雇用におけるMVVや企業ウェイの重要度は、日本型雇用の比ではありません。MVVや企業ウェイが、守り抜きたいまたはつくり上げたい組織文化の礎になるからです。自社が大切にする価値観に基づいて採用活動を行い、価値観に共感してくれる人材だけに入社

をオファーする。職場内における行動指針の体現事例に関する対話を促す。優れた体現事例を全社からノミネートしてもらい、共有・表彰する。経営幹部が折々のスピーチ・プレゼンテーションにおいて、社内外に向けてMVVや企業ウェイについて自分の言葉で語る。ジョブ型雇用では、そういった積極的な働き掛けを行い、組織文化を意図的に創り込む努力を続けることで、ようやく自社らしさを維持できます。

[2]社員意識のチェンジマネジメント

「チェンジマネジメント」とは、チェンジ（＝変革）がうまく定着するようにマネジメント（＝統制）する一連のプロセスを指します。念のため付言しておきますが、マネジメント（＝経営者）をチェンジ（＝交代）させることではありません。したがって、「社員意識のチェンジマネジメント」は、社員の意識を変革し、新たな意識を組織にしっかりと根付かせるための意図的・統合的な取り組みを意味します。

ジョブ型雇用の考え方を人材マネジメントに取り入れる際、会社が策定した施策・制度を人事部門がさらりと展開するだけでは、職場での適切な運用は期待できません。これまで会社が握っていた人事権を職場上司に委譲し、その上で社員に自律的なキャリア形成を促すには、社員一人ひとりの意識変革が必須となります。さもなければ、従来の日本型雇用の慣性力に負けてしまい、新しい施策・制度が職場での不適切な運用によって骨抜きにされてしまうでしょう。

しかしながら、通常、多くの社員は、会社による意識変革の動きに対して何らかの抵抗を覚えるものです。変革の内容がジョブ型雇用に関するものであれば、なおさらです。そういった社員の抵抗感の背景には一般的にWhy・What・Howの三つの観点の不足があり、これらの不足に対して適切な支援を行うことが社員意識のチェンジマネジメントの要諦になります[図表13－3]。

実際にジョブ型雇用の実現に向けた社員意識変革を推進するに当たっ

図表13-3　社員の意識変革におけるWhy・What・Howの不足

Why	なぜ意識変革しなければならないのか、理解していない
What	意識変革によって何が起きるのか、自分事として想像できない
How	意識変革後の状況にどう対応するのか、能力やスキルがない

ては、社員に不足しているWhy・What・Howを補うため、社員説明会、経営トップとの対話集会、ワールドカフェなどのワークショップ、チェンジリーダーの育成・活動支援、360度フィードバック、スキルトレーニング、各種サーベイ、変革指標の定期モニタリングなど、さまざまな取り組みが必要です。そして、これらについて詳細を検討する際には、それぞれの内容だけでなく、取り組みを実施する順番とタイミングが重要なポイントになります。例えば、いきなりジョブディスクリプション作成に関するスキルトレーニングを管理職向けに開催しても、管理職本人がジョブディスクリプション作成の必要性や意義に共感していなければ、実効性ある結果にはつながらないでしょう。そのため、社員意識変革全体を一つの大きなプロジェクトとして位置づけ、プロジェクト全体のロードマップを描いていく中で、個々の取り組みの順番・タイミング・内容を精査する必要があります。また、その際の参考になる考え方が、ハーバードビジネススクールのジョン・P・コッター名誉教授が提唱する「変革の8段階プロセス」です[図表13-4]。この8段階のプロセスに沿って取り組みを検討し、計画することで有効なロードマップを策定できるでしょう。ちなみに、この変革の8段階プロセスにおいて、最も実現が困難なプロセスは、1.〜8.のいずれだと読者の皆さんは思うでしょうか。筆者はこれまでの経験から、最初の「1. 危機意識を高める」が最難関だと考えています。なぜなら、人間による物事の判断にはさまざまな認知バイアスが影響しており、その中でも正常性バイアスが「1. 危機意識を高める」の強力なブレーキになってしまうからです。

図表13-4 変革の8段階プロセス

> 1. 危機意識を高める
> 2. 変革推進のための連携チームを築く
> 3. ビジョンと戦略を生み出す
> 4. 変革のためのビジョンを周知徹底する
> 5. 従業員の自発を促す
> 6. 短期的成果を実現する
> 7. 成果を活かして、さらなる変革を推進する
> 8. 新しい方法を企業文化に定着させる

資料出所：ジョン・P・コッター『企業変革力』日経BP社（2002年）

　正常性バイアスとは、何らかの異常事態（自然災害・火災・事件・事故など）が発生し、すぐに対応しなければならないような状況においても、事態を正常の範囲内と捉えてしまい、「自分は大丈夫」「そんなに大したことはない」などと過少評価してしまう認知特性のことです。例えば、1912年に起きたタイタニック号沈没事故において、多くの乗客とクルーが正常性バイアスに陥り、船と氷山との衝突後に避難指示命令が出てもその場にとどまることを選び、逃げ遅れたといわれています。

　ジョブ型雇用に向けて社員意識を変革するには、「このままでは自社の経営は深刻な状況に陥ってしまうかもしれない」という危機感を社内で醸成することが第一歩になります。変革の8段階プロセスの「1.危機意識を高める」を最初にしっかりと実現しなければ、2.以降のプロセスがどんなに素晴らしくても、うまく機能することはないでしょう。どうすれば社員の危機意識を高めることができるのか、まずはこの検討に注力することをお勧めします。

［3］職場の状況に合わせた組織開発プログラム

　ジョブ型雇用の人材マネジメントが適切に運用されるようになると、職歴が2社目・3社目の社員が多くなるなど、さまざまな背景を持つ社

員が在籍するようになります。これまでは新卒入社以来ずっと自社で勤務してきた社員が大半を占めていた組織であっても、今後、そういった社員はむしろ少数派になるかもしれません。

　ただし、社員多様化の度合いは、職場ごとに大きな違いが生じます。社外の転職市場動向の影響を受け、事業や職種に応じて離職率に高低差が出るからです。また、各職場が担う主たる職務の性質によって、組織としての業務プロセスに関する考え方も異なってくるでしょう。例えば、メンバーの顔触れが安定的なチームワーク重視の職場もあれば、メンバーの入れ替わりの激しい個人主義の職場もあるといった具合です。その結果として、組織開発上の問題の性質・根深さや必要な働き掛けの内容・頻度も、それぞれの職場状況に応じて多岐にわたることになります。

　つまり、ジョブ型雇用の人材マネジメントにおいては、社員の均質性が失われるだけでなく、職場の均質性も失われるのです。極端にいえば、同じような組織状況にある職場は、社内にほとんど存在しなくなるでしょう。そのため、どんな職場にも適用できるような汎用的な組織開発手法の効果は薄く、個々の職場の状況を現場に寄り添って診断し、診断結果に応じて治療方法を考えるような“臨床的”な組織開発のアプローチが求められるようになります。

　しかしながら、こういった職場ごとの個別対応が求められる状況を、多くの日本企業の本社人事部門は不得手としているのではないでしょうか。従来の日本型雇用において、本社人事部門は全社の組織・人材を均質的なものとして捉え、すべてを一括管理するような人材マネジメントを行う傾向にあったからです。個々の職場に応じた臨床的な組織開発は、効率性や公平性の観点から軽視または先送りされがちだったといえるでしょう。

　もちろん、全社を対象とするエンゲージメントサーベイやパルスサーベイといった共通施策はこれからも必要です。しかし、サーベイ結果のフィードバックの方法、対話の促し方、組織開発に向けた働き掛けの在

り方など、それぞれの職場に合わせたカスタマイズがより重要となり、個々の職場に直接入り込むような臨床的な組織開発がジョブ型雇用の人材マネジメントでは必須になります。組織開発の専門部署または担当者を人事部門に置くことも検討すべきでしょう。

[４]ピープルアナリティクス

　従来、日本企業における社員採用や異動の意思決定に当たっては、経営者または人事部門長や担当者の勘・コツに基づく定性的判断が多く見られたことでしょう。また、そういった勘・コツに基づく判断が結果として間違っていたとしても、大きな問題に発展することはほとんどありませんでした。なぜなら日本型雇用においては、能力・スキルが職場ニーズに合致していない人材を採用してしまっても、あるいは社員が異動した先の組織や職務内容になじめなかったとしても、会社都合で社員を別の部署へと異動させることができるからです。会社が強力な人事権を有することによる異動の柔軟性が、人材育成だけでなく、組織上の問題解決にも大きく寄与してきました。

　しかし、ジョブ型雇用の人材マネジメントにおいてはそうはいきません。キャリア形成は社員自らが考え、取り組むべきものであり、社員本人の合意なしに、会社が一方的に異動を決めることは原則としてできないからです（人事評価の低迷を根拠に異動を促すこともできますが、相応の時間と労力が必要です）。属人的な勘・コツに基づく採用・異動の意思決定には、組織開発上の大きな問題を発生させるリスクが伴います。職場ニーズや組織文化に合わない人材を配属してしまった場合、[図表13−１]で紹介した組織開発の"ゆるふわ定義"にある「①人を集めてもてんでバラバラで、チームの成果が出せない」という状況を助長してしまうことでしょう。そのため、採用・異動の意思決定の前にしっかりとしたアセスメントを行い、候補人材が職場にうまくフィットするかどうか、適性の見極めに力を注ぐ必要があります。

図表13－5 ピープルアナリティクスによる分析対象例

人材視点	・自社固有のハイ・パフォーマー特性 ・採用候補者の入社後パフォーマンス・定着予測 ・配属・異動マッチング ・メンタルリスク予測 ・退職予測
組織視点	・ワークスタイル特性 ・高エンゲージメント組織特性 ・最適チーミング予測 ・社内人的ネットワーク可視化（社内インフルエンサー特定）

　そこで、昨今注目を浴びているのが、第10章でも紹介したピープルアナリティクスです。「R」など統計解析向けのプログラミング言語を用い、自社の組織・人材に関するさまざまなデータ（社員属性情報、人事評価結果、適性検査結果、勤怠実績、エンゲージメントサーベイ結果、パルスサーベイ結果など）を分析することによって、その結果を人材マネジメント上の意思決定に活用します。ピープルアナリティクスの分析対象としては、[図表13－5]に挙げた例が一般的ですが、必要なデータをタイムリーかつ一元的に収集可能なデータ基盤（タレントマネジメントシステムなど）の整備と、収集したデータを正しく分析できるアナリストの確保・育成が重要な前提条件になります。

［5］人事デューデリジェンス・PMI

　人事デューデリジェンス（次ページ参照）とPMI（240ページ参照）はいずれもM＆Aに関連する用語です。ジョブ型雇用と一見関係のないM＆Aについて、本章の誌面を割くことには理由が二つあります。
　第一の理由は、ジョブ型雇用とM＆Aの相性が非常に良いからです。ジョブ型雇用では会社都合で社員を一方的に異動させることができません。経営上の理由で新たな組織が必要な場合、新組織のポジション一つ

ひとつについて人材確保を進める必要があり、それには多大な時間・労力・費用を要してしまいます。そのため、新組織を自社独力で立ち上げるよりも、M＆Aによって既存の企業や組織を買収してしまったほうが手っ取り早く、経営戦略具現化の近道になるのです。また、社員の報酬は担う職務価値によって決まるというジョブ型雇用の原理原則により、買収した新組織との報酬制度の統合も比較的容易に進められます。

　第二の理由は、M＆Aによって組織風土の異なる他社・他組織を自社に組み入れる際、組織開発が必須になるからです。統合初日からM＆Aによって企図していた成果を創出できるケースはほとんどなく、組織開発によって組織風土を融合させなければ、シナジー効果を発揮することはできません。

　まずは人事デューデリジェンスについて、デューデリジェンス（Due Diligence）とは、「投資対象の価値やリスクに関する詳細な事前調査」を意味します。特にM＆Aの実施に当たっては、買い手側がM＆A対象企業または事業の買収上のリスクをさまざまな視点から確認していくことが一般的であり、デューデリジェンスによってリスク過大と判断された場合にはM＆Aのディール（「取引」の意）そのものを断念します。そういったM＆Aにおけるデューデリジェンスの一つとして行われるのが人事デューデリジェンスであり、①ディール成立に向けた人事的リスクと、②シナジー創出に向けた組織的リスクという二つの観点から精査していきます。

　まず、①ディール成立に向けた人事的リスク精査では、主に以下の3点を実施し、問題の有無を確認します。

- 事業存続・企業価値向上にとって重要なキーパーソン（主に経営幹部）の離職想定
- 労務費、特に退職給付債務の将来シミュレーション
- カーブアウト（事業切り出し型M＆A）の場合のスタンドアローン問題（母体企業の福利厚生制度からの離脱が典型）の確認

これらいずれにおいてもリスクが見つかった場合には、M＆Aの可否判断に大きな影響を与えます。

　また、②シナジー創出に向けた組織的リスクについては、M＆A対象企業もしくは事業における人材マネジメントの状況を調査し、等級および人事評価の基準項目・内容、ハイ・パフォーマーの人材像やエンゲージメントサーベイの結果などから、買い手側の組織風土との親和性を測ります。例えば、生き馬の目を抜くようなスピード重視文化のベンチャーIT企業を、石橋を叩いて渡るような受け身体質の老舗B to Bメーカーが買収する場合、そのままでは組織風土の性質が水と油の関係にあり、単に買収するだけでは期待どおりの成果にはつながらないでしょう。

　上記のような組織風土が適合しづらい場合のM＆Aにおいて重要になるのがPMIです。PMIは「Post Merger Integration」の略であり、M＆A成立後の経営統合プロセスを意味します。その一環として、組織風土融合のために以下のような組織開発施策を展開し、M＆Aによるシナジー創出の早期化を図ることが有効です。

- 計画的な社員コミュニケーションの展開（M＆Aの目的、M＆A後の経営ビジョン・社員への期待　等）
- 新経営陣と社員との対話集会（タウンホールミーティング　等）
- シナジー創出に向けた組織再設計（組織構造・レポートライン・要員数など）と人材マネジメント施策・制度の統合
- キーパーソンのリテンションプラン策定・実行
- 組織風土改革プログラムの展開（チェンジリーダーの育成・ワークショップ開催　等）
- 組織風土融合度合いを測るサーベイ実施と結果への対応

　今後、日本企業全体にジョブ型雇用の人材マネジメントが浸透していくにつれて、M＆Aの動きがより活発になると筆者は想定しています。その場合、人事デューデリジェンスやPMIなど、M＆Aにおいて人事部門が果たすべき役割はこれまで以上に重要になるでしょう。

第14章

人材マネジメントを支える組織・インフラ

　ジョブ型にはメンバーシップ型との前提の違いがあり、適切に運用していくにはそれら前提の違いを踏まえた組織、インフラを用意する必要があります。本章ではジョブ型を運用するための人事部門の在り方や整備すべきインフラについて、「**1** ジョブ型における人事部門の役割・機能」「**2** インフラとしてのタレントマネジメントシステムとテクノロジーの有効活用」の順で解説します。

1 ジョブ型における人事部門の役割・機能

　人事部門の役割・機能について、以下の流れに沿って説明します。
[１] 人事機能の全体像の整理
[２] 人材マネジメントの主なモジュールにおける人事部門の役割と現場
　　管理職への権限委譲
　考え方の整理に当たって、ミシガン大学のデイブ・ウルリッチ教授が
『HR Transformation』（邦題『人事大変革』［生産性出版］ 2010年）で
提唱したモデル[**図表14−1**]を活用します。

[１] 人事機能の全体像の整理
　人事機能の全体像をつかむためには、人事部門がサービスを提供する
顧客を具体化することが効果的です。人事部門の顧客は、大別すると「経
営」と「社員」の二つになります。ジョブ型の場合は一定の人材流動性
があることを前提としますので、「社員」には、現在自社に勤める社員だ
けでなく、自社に今後勤める可能性のある候補者（見込み顧客）までも
含めて考えます。[**図表14−2**]は、機能×顧客で果たすべき役割を整理

図表14−1 戦略人事を実現するための人事部門の機能分類

		最高人事責任者（CHRO）	
所 属	経営（コーポレート）	①センター・オブ・エクセレンス（CoE） 全社の人材マネジメント全般の企画を推進	②オペレーション 人事実務の専門家として、事業・地域・グループ会社を横断して品質保持・コスト最適化を実現
	事業部門	③HRビジネスパートナー（HRBP） 各事業部門のパフォーマンスの最大化のために、人材・組織の側面から支援（事業部門長の右腕として人材マネジメントを実践）	

資料出所：デイブ・ウルリッチほか『人事大変革』生産性出版（2010年）を基に三菱UFJリサーチ＆コンサルティング作成

したものです。

①センター・オブ・エクセレンス（CoE）の役割・機能

　センター・オブ・エクセレンス（以下、CoE）は、第2部で紹介した基幹人事制度や、第3部の前半で紹介した人材確保・人材育成などの施策について、その設計をリードすることが主な役割です。社内にはさまざまな職種や働き方があるため、ディテール部分の作り込みまでを行うのではなく、あくまでさまざまな職種に共通する根幹となる軸・柱を立てることが期待されます。

　また、これらの制度や施策を個々に設計していくのではなく、一つのストーリーとして整合性の取れた内容にし、伝えていくことも求められます。第12章で紹介した「エクスペリエンスを整理するためのジャーニーマップ（例）」前掲[図表12−7]（220ページ参照）のように目に見える形でわかりやすく整理することで、社員の理解を促進します。

　また、ピープルアナリティクスを行う場合の全体方針やインフラの設

機能＼顧客	①センター・オブ・エクセレンス（CoE）	②オペレーション	③HRビジネスパートナー（HRBP）
経営	▪経営と意見交換をしながら、社内における人事の各領域（評価・報酬・人材育成・ITシステムなど）の専門家として制度等の企画・設計	▪人事業務のエキスパートとして、サービスの安定提供およびコスト最適化・効率化を担当	▪各事業部門の立場で、担当ビジネスのパフォーマンス最大化のために人と組織の観点で支援
社員	▪入社から退職までの一連の施策におけるエンプロイーエクスペリエンスのデザイン ▪上記を実現するためのエンプロイージャーニーマップの整備 ▪社内外へのメッセージの整合性担保	▪社員向けの各種サービスの安定提供	▪社員だけでなく人材プール（自社で働く可能性のある人材）に対してのアトラクション＆リテンション ▪人材に対するカスタマイズの人材施策の適切な推進、およびそこでの情報収集・蓄積・分析・活用

計など、新しい取り組みの導入や推進をリードすることも役割になります。

　これらの取り組みは、自社内だけにフォーカスを当てるのではなく、社外の人材に対してアピールすることも考慮する必要があります。外部からの人材確保の必要性が高まりますので、自社を知り、選んでもらうことが必要になります。"選ばれる"ためのマーケティング機能を備えることも、ジョブ型を実現するための大きなポイントです。

②オペレーションの役割・機能

　ジョブ型でもメンバーシップ型でも、オペレーションは給与計算や社会保険の手続き、各種申請への対応などを効率的かつ正確に行うという役割に変わりはありません。

　ジョブ型において留意したい点としては、できるだけ自社独自の仕組

みではなく、ベストプラクティス（社外で最も普及しているやり方）を活用すべきという考えがあります。人材の流動性が高まるということは、社外→社内、社内→社外の人材移動量が増えます。オペレーションでは効率性、正確性が求められるため、それを利用する社員からすると、慣れている、知っているルールやシステムであるほうがキャッチアップまでの時間や心理的負担がかかりません。また、ミスや対応漏れも少なくなります。

③HRビジネスパートナー（HRBP）の役割・機能

HRビジネスパートナー（以下、HRBP）については、ジョブ型とメンバーシップ型とで位置づけが大きく異なります。メンバーシップ型の場合、一部の大企業を除き、HRBPを設置しない企業が多いことが実態でしょう。その理由として、メンバーシップ型の場合、人事制度や施策はすべて人事部門の企画セクション（CoE）が行い、具体的な運用時のルールも定められ、例外運用の管理までもが厳格に行われることが挙げられます。その結果、現場での裁量はあまりなく、HRBP設置の必要性が高くなかったと考えられます。

一方で、ジョブ型の場合は、人事制度を含む人材マネジメントの運用はもちろん、各部門の事業戦略に基づいた人事戦略の立案や独自のルールの設定など、一定の裁量が現場のHRBPに委譲されます。採用から入社後の育成、配置、人事評価や任免など、人材マネジメント全体の戦略を、自部門の方針やCoEが定めた全社共通のルールを踏まえて検討していきます。また、その運用は現場管理職が行いますので、人事のプロとしての現場管理職への支援を行う必要があり（詳細は、次項【2】参照）、それもHRBPの役割になります。

また、HRBPの所属は現場となるため、社員との直接のコミュニケーションもHRBPの重要な役割となります。そのため、顧客（社員）接点の最前線として、社員一人ひとりの状況（キャリア意向、モチベーションなど）を細かく把握するとともに、動機づけや引き付け（アトラクショ

ン＆リテンション）を行うことが期待されています。CoEが提供した制度や施策、インフラを現場の目標達成のために活用する、使いこなすことが期待される役割といえるでしょう。

[2]人材マネジメントの主なモジュールにおける人事部門の役割と現場管理職への権限委譲

　ここからは、人事制度や人材フローの各施策を適切に運用していくために、人事部門のCoEとHRBP、そして現場の管理職の三者でどのような役割分担をしていくべきかについて整理します。

　実際の人材マネジメントの運用を考える際には、CoEやHRBPの仕事をどのような組織で実現するかを考えなければなりません。その場合、モジュールごとの役割分担を確認しながら検討すると、議論がスムーズになります。メンバーシップ型の人材マネジメントにはないような仕事もあるため、組織分掌などを作成する際にも活用できると思います。

①人事制度／職務評価

　職務評価の詳細手順は第5章で解説していますが、ジョブ型に必須の職務評価は、CoEがリードします[**図表14－3**]。人材マネジメントに関する深い知見が必要な業務であり、かつ全社で横串を通す必要があるためです。

　職務評価では、各職務に従事する現場の社員、特に管理職が持っている情報を活用することになります。ただし、現場管理職は基幹人事制度や職務評価に関連する深い知見を持っているわけではないので、HRBPはその実施のサポートを行います。また職務評価自体には相応の作業が発生するため、人事的な着眼点での提言やアドバイス提供のほかに、一部作業の代行といった現場管理職の負担軽減も、現場の実情と人材マネジメントの知見があるHRBPに期待される役割になります。

②人事制度／等級制度（任免）

　ジョブ型における等級制度の運用は「任免」に尽きると言っても過言

図表14-3 人事制度／職務評価の実施における分担

	人事部門		
	本社（コーポレート）		現場（事業部門）
	CoEの役割	HRBPの役割	現場管理職の役割
主要な分担	■職務評価ルールの作成（必ずそろえるべきところとカスタマイズOKのところの選別） ■職務評価のマニュアル類・ルール類の整備 ■組織再編時や再度職務評価を行う場合のルールの設定	■職務評価実施に際しての現場管理職のサポート（アドバイス・提言・一部代行）	■各職務に関する情報の提供
CoE／HRBP／現場管理職のいずれかが担当	■職務評価結果の確定（職務分掌規程や決裁権限規程で定めた役職者や会議体で決定）		

　ではありません[**図表14-4**]。任免とは「ポジションに最適な人材を任用すること」と、「ポジションに期待される役割を果たせない場合に免職すること」です。任免自体はメンバーシップ型にもありますが、ジョブ型では任免の最終判断が現場に委ねられているという大きな違いがあります。要員計画に基づき、どのような人材をポジションに就けるのか、あるいは採用するのかの判断は、ルールの範囲内で現場に裁量を与えます。メンバーシップ型であれば定期的な人事異動等、横の動きが人事部門主導で行われ、併せて縦の異動（昇降格）も人事部門で行います。一方、ジョブ型は人の異動配置の大半を現場の事業部門が主導します。

　このように現場管理職は任免の決定を担うことになりますので、その前提として、現場管理職には適切な人材マネジメント（特に論拠となる

図表14-4 人事制度／等級制度(任免)における分担

人事部門		
本社 (コーポレート)		現場 (事業部門)
CoEの役割	HRBPの役割	現場管理職の役割
主要な分担 ■任免に際しての基準(あるいは目安)を作成する(多くの場合は、人事評価やアセスメント結果などが論拠として用いられる)	■任免を決定する会議体などの運営補佐(あるいはファシリテーション) ■上記の会議体において人事の見地からの意見表明	■日々の人材マネジメント、特に人事評価の徹底 ■任免の決定 ■任免結果の本人へのフィードバック

人事評価)を行うことが求められます。メンバーシップ型にありがちな温情評価など、実態と評価結果に乖離（かいり）があるような運用を行えば、任免の適否に直結します。つまり、パフォーマンスを出せない現任者を交代させられないなどにより、組織目標達成を困難にします。現場管理職は大きな裁量を得るとともに、大きな責任（プラスして適切に人材マネジメントを行うリテラシー）が求められます。

③人事制度／評価制度(人事評価)

　人事評価は任免の論拠として重要な要素となるため、運用はメンバーシップ型に比べ一層客観的、適切に行われる必要があります。人事評価を行うのは、同じ職場で部下の働きぶりを観察している現場管理職になります。好き嫌いで行わないことは当然として、評価の甘辛といったバラつきを防ぐことが求められます。メンバーシップ型でもジョブ型でも、原則ではこの要素に大きな違いはありません。

　しかし、任免の根拠として評価結果を活用するジョブ型の場合、甘辛やバラつきの多い評価は任免の精度を下げることにつながります。仮に、本来ふさわしくない人材がポジションに就いた場合、是正のためには第12章の人材育成で紹介したPIPなど、手間や時間がかかる施策を実施す

ることになります（メンバーシップ型でも、評価の精度が下がると昇降格の運用精度が下がることになりますが、年次による昇格など評価結果以外の要素も多く反映されるため、評価の精度低下による影響は強くありません）。また、人事評価の場合は、業務目標達成のための目標管理や、人材育成を促す行動評価／コンピテンシー評価など、人事評価という枠組みを活用したマネジメントが現場管理職に求められることから、そのためにも高い精度を保つ必要があります。

　適切な人事評価を実施するために、職場単位での評価調整会議のリードや、場合によっては評価面談などに同席するなど、現場管理職に寄り添ったサポートをHRBPが行います[図表14-5]。さらに、業績目標達成や人材育成など、人事評価を通じてマネジメントを行う現場管理職の悩みを拾い上げ支援するとともに、CoEに運用実態や課題等を伝達することまでが期待されています。

　CoEはそのような現場の声をきちんと受け止め、あるべき人事評価を実現するための制度や、使いこなすための研修プログラムなどを設計します。人事評価を行う現場にスポットライトを当てながら、HRBPが陰

図表14-5　人事制度／評価制度（人事評価）における分担

	人事部門		
	本社（コーポレート）	現場（事業部門）	
	CoEの役割	HRBPの役割	現場管理職の役割
主要な分担	■人事評価制度の枠組みやインフラを整備 ■人事評価を適切に行うための仕組みや研修などを企画・運営	■評価者となる現場管理職のサポートを行い、円滑かつ公正な運用を支援 ■職場単位の評価調整会議などを運営 ■現場からの質問や要望を取りまとめ、CoEと共有	■部下（被評価者）と面談し、当年度取り組むべき目標を決定 ■個人目標の進捗を管理し、必要に応じて改善策を話し合う ■評価を実施し、評価結果を部下にフィードバック

に日なたにサポートするという分担になります。

④人事制度／報酬制度（月例給・賞与）

　ジョブ型の特徴は、月例給や賞与の金額を決定するのも現場管理職ということです。要員計画に基づいて人員を配置し、CoEが定めたルール内で月例給や賞与の金額を個別に決めていきます。現場に決定権限を置くのは、人材獲得や定着には外部労働市場での相場観を強く意識し、適切で機動的な意思決定を現場で行う必要があるためです。

　そのためCoEは最低限のルールを設計します。最低限のルールとは、職務等級ごとの報酬レンジのポリシーライン（中央値）、上限（おおよそ該当職種の報酬の90%〔上位10%〕タイル）、下限（同じく10%〔下位10%〕タイル）を定めます。昇給額や昇給率の目安を示すこともあります。

　HRBPは、現場管理職が昇給額の検討を行う際の人件費試算などの実務を担うとともに、実際の人件費の数値を見た上で、人事の専門家としての改善（昇給の抑制、インセンティブの追加など）提案を行うことが期待されます[図表14-6]。

　また、外部労働市場における報酬データの収集を行う場合は、その対応が求められます。日本の労働市場では相場が確立されている職種は多くありませんが、専門性の高いデジタルの専門家など、相場・市場が確立されている場合には、参考情報として報酬データを収集します。提供している専門会社から定期的に購入する方法や、さまざまなリソースを用いて自力で調査するなどの対応が必要になりますので、CoEかHRBPに実施担当を配置し定期的に行います。

⑤人材フロー／要員計画・人材確保（採用）

　要員計画・人材確保（採用）についても、④人事制度／報酬制度（月例給・賞与）と同じように、現場管理職が責任を持って行いますが、会社としての考え方はCoEが示し、HRBPが実行面のサポートを行います[図表14-7]。ただし、採用活動はその個別性（採用ポジションごとの最適な採用広告のチャネルや選考方法など）が非常に高いため、CoEが

行うべき役割は、要員計画立案の方法を整備することと、採用活動を支援してくれる人材会社などとの包括的な契約管理などであり、それほど多くありません。

一方でHRBPは、職種やポジションの特性を理解し、採用の戦略から

図表14-6 人事制度／報酬制度(月例給・賞与)における分担

人事部門		
本社 (コーポレート)	現場 (事業部門)	
CoEの役割	HRBPの役割	現場管理職の役割

| 主要な分担 | ■職務評価に基づく報酬制度の設計
■報酬制度における現場管理職の裁量（昇給・降給の方法、限度など）の決定
■インセンティブなどの原資・配分ルールの設計 | ■担当部門における人件費シミュレーション（昇給案に基づく人件費試算）
■人件費の観点での現場管理職への提案・提言 | ■外部労働市場を考慮しての一人ひとりの月例給・賞与金額の決定 |
| CoE／HRBP／現場管理職のいずれかが担当 | ■外部の専門会社からの職種別の報酬データの購入（収集） | | |

図表14-7 人材フロー／要員計画・人材確保(採用)における分担

人事部門		
本社 (コーポレート)	現場 (事業部門)	
CoEの役割	HRBPの役割	現場管理職の役割

| 主要な分担 | ■要員計画の立案方法の整備
■採用活動における外部企業との包括的な契約 | ■要員計画立案のサポート
■採用ポジションごとの採用戦略・戦術の立案 | ■要員計画の立案
■採用ポジションの決定
■人材の選考
■採用の決定 |

戦術までの一連のサポートを行います。採用には事業に関する土地勘のようなものも求められるため、事業についての深い理解があるHRBPの役割は大きなものとなります。

⑥人材フロー／人材育成・キャリア形成支援

　人材育成・キャリア形成においては、人事部門の役割が大きくなります。プラットフォームやプログラムはCoEとHRBPが分担して構築し、サクセッションマネジメントなどの全社横串で行う施策はCoEがリードします[図表14−8]。HRBPは職種固有のスキルや知識の習得を促すプログラムを構築するとともに、社員との接点があることを活かした人材の情報を収集・蓄積することが主な役割となります。CoEとHRBPが密に情報交換をし、お互いの施策の重複や漏れがないように調整するなど、両者が共同する場面が多いのも人材育成の役割分担の特徴です。

　現場管理職は人事部門のCoEやHRBPが用意したプログラム等を活用

図表14−8　**人材フロー／人材育成・キャリア形成支援における分担**

人事部門		
本社（コーポレート）	現場（事業部門）	
CoEの役割	HRBPの役割	現場管理職の役割
■人材育成のプラットフォームの構築（インフラを含む） ■職種を問わない汎用的なビジネススキル習得のプログラム提供 ■サクセッションマネジメント検討 ■自律的なキャリア形成を促すプログラムの構築 ■エンゲージメント向上に向けた一連の施策の検討	■職種や部門固有スキル習得のプログラム提供 ■各事業部門に在籍する人材やトップタレントに関する情報の蓄積	■部下への日々のOJT・指導

（左端に「主要な分担」のラベル）

し、現場での人材育成を行います。

⑦人材フロー／異動配置（公募など）

　ここでの異動配置とは、キャリア形成のための自律的な異動が該当します。具体的な制度としては公募制度やFA制度になります。基本的な考え方としては、CoEが機会・場をつくり、それを活用して現場管理職・HRBPが社員とのマッチングを行います。

　CoEがルールやインフラを用意し、それに基づいてHRBPが公募に関する手続き等のサポートを行います[図表14－9]。

⑧人材フロー／代謝・多様な働き方

　最後に、代謝についても触れておきます。人材の流動性を前提にするジョブ型の場合、自発的・非自発的のいずれの場合も外部への転身等が発生します。また、働き方の多様化も避けて通れません。雇用に縛られない働き方としての業務委託や、複数社で働く副業・兼業もあります。ほかにも在宅勤務制度、フレックスタイム制度なども考えられます。

　これらの取り組みは、まずはCoEが全社として導入すべき制度を決定し、制度化します。全社で一律に適用されるものもありますが、多様な働き方を目指す取り組みであるため、その適用の判断は部門や職種ごとに行うケースが多くなります。適用の裁量を持った現場管理職が施策の実施を決めると、その実務的なサポートをHRBPが行います[図表14－10]。

図表14－9　人材フロー／異動配置（公募など）における分担

人事部門		
本社（コーポレート）	現場（事業部門）	
CoEの役割	HRBPの役割	現場管理職の役割
主要な分担：公募などのルール構築（インフラを含む）	公募制度を含む人材獲得のための戦略立案　選考・面談のサポート	（受け入れ側の場合）人材の選考・面談

図表14−10 人材フロー／代謝・多様な働き方における分担

	人事部門		
	本社（コーポレート）	現場（事業部門）	
	CoEの役割	HRBPの役割	現場管理職の役割
主要な分担	■早期退職優遇制度などの設計 ■副業・兼業制度の設計 ■在宅勤務制度やフレックスタイム制度などの設計	■現場管理職が決めた取り組みの実施をリード	■要員計画に基づく早期退職優遇制度などの紹介 ■自部門で活用する多様な働き方の選択

2 インフラとしてのタレントマネジメントシステムとテクノロジーの有効活用

　人材マネジメントの運用は、さまざまな関係者がさまざまな立場で関わるため、効率化や質の向上のための情報システムの活用が求められてきました。これらのシステムの活用について、過去の流れを踏まえて整理します。

　人材マネジメントの効果的な運用を支援するシステムは、以前から存在していました。人事給与システムといわれる、人事情報の集約と給与計算の効率化を目指すシステムがそれに該当します。主なユーザーは人事部門です。その後、勤怠管理システムなど、ユーザーが現場社員にも拡大していきましたが、位置づけは業務の効率化であり、人事給与システムのサブシステムのようなものでした。これらのシステム群を総称し、「人事システムの第一世代」と呼ぶことがあります。

　その後、人事給与システムと会計システムを中心に物流システムなどと一つのシステムとして統合されたERP（Enterprise Resources Planning）システムが導入され、企業経営の基本となる経営資源（ヒ

ト・モノ・カネ・情報）の一元管理が目指されるようになりました。た
だ、このERPで管理する人事関連の情報は人事情報や給与、勤怠のみ
であり、人事の視点からすると従来のシステムと大きな違いはあまりな
かったといえます。これが、「人事システムの第二世代」に当たります。

　そして、人事給与や勤怠管理だけでなく、人事評価（目標管理を含む）、
人材育成、採用、人材活用、社内コミュニケーションなどを包括するシ
ステムとして、タレントマネジメントシステムという「第三世代」が現
れました。現在、このシステムを既に活用されている企業も多いと思い
ます。

　ここでは、ジョブ型の人材マネジメントの運用におけるタレントマネ
ジメントシステムの活用とともに、テクノロジーをどう活用するかにつ
いて解説します。

［1］タレントマネジメントシステムの活用のポイント

　タレントマネジメントシステムの主な機能と、それによって何を実現
するのかという狙いについて、[図表14－11]で整理しました。タレント
マネジメントシステムの主な機能は、「人材データベースとして人事に関
する情報を網羅的に収集・蓄積できること」「運用支援ツールとして人事
部門だけでなく社員を含めたユーザーが利用できること」「データの分析
ができること」です。

　この機能をいかにして人材マネジメントに活かしていくか。そのポイ
ントは、人材マネジメントの「効率化」と「質の向上」という二つの狙
いに確実につなげることです。効率化は非常に重要ですが、単なる効率
化だけでは、第一世代と変わりません。効率化に加え質の向上、言い換
えると、「取り組みの精度を上げていくこと」がタレントマネジメントシ
ステムの最大の狙いです。人事部門だけでなく、現場管理職までが適切
に使いこなし、活用するレベルにまで落とし込む必要があります。まず
はジョブ型人材マネジメントにおける現場管理職の役割を理解してもら

	タレントマネジメントシステムの機能		タレントマネジメントシステムの活用の狙い
1	人材データベース	社員のさまざまなデータ（人事給与や勤怠だけでなく、評価結果、育成の取り組み、採用時のデータなど）を一元的に収集・蓄積・管理する	評価制度などの人事部門の運用業務の効率化
			現場マネジメントの人事運用の効率化、質の向上（部下の理解や指導・育成の記録など）
2	制度・施策の運用ツール	評価制度・1 on 1など、ワークフローや履歴を紐づけて管理する。イベントや情報を運用するためのインフラとする	配置、選抜などの意思決定の質の向上（サクセッションマネジメントにおけるリアルタイムの進捗確認など）
3	分析ツール	自社や自組織の人事の状況把握や分析（人材ポートフォリオの実態把握や経年比較などの各種分析）を行う	コミュニケーションの質の向上（CoE−HRBP−現場管理職−社員間の情報共有の効率化・精度向上）

えるように丁寧に伝えることから始めると効果的です。自身が行うべきことを実践しようとして初めてタレントマネジメントシステムの有益さに気づくでしょう。そうなれば自ら活用する現場管理職が増えていくはずです。タレントマネジメントシステムを人事部門だけの道具にしないためにも、現場管理職の役割についての啓発に取り組むことをお勧めします。

［2］テクノロジーの活用に向けた考え方

　タレントマネジメントシステムなどのテクノロジーは、人材マネジメントの運用の効率化や精度の向上に役立つため、積極的に活用を検討していきたい分野です。しかし、運用や導入にはテクノロジーに関する一定の知見が求められるため、活用のハードルが高い印象があるかもしれ

ません。もちろん現場にリテラシーがあるに越したことはありませんが、CoEやHRBPが精通していれば、大きな問題なく活用できます。

今後のCoEやHRBPの職務要件にテクノロジーに関する知見や業務経験を加え、テクノロジーに親しんだ（アレルギーのない）人材を増やしていくことが、積極的にテクノロジーを活用する組織に変えていく第一歩になります。

第 4 部

事 例 編

第4部ではジョブ型人材マネジメントへの転換を図った3社の事例をご紹介します。ジョブ型への転換といっても、基幹人事制度だけでなく他の人材マネジメント施策まで大きく転換を図る場合もあれば、人事制度の一部に要素を取り込む場合もあります。どのような考えで導入を検討したかの背景から紹介していますので、ご参照ください。

第15章
職務等級人事制度の導入と
関連施策のジョブ型移行：A社

本章では、役割等級制度から職務等級人事制度への移行とともに、採用・人材育成などの施策を含めてジョブ型へ移行した企業の事例を紹介します。職務評価を実施し、その結果に基づいて職務等級を整備し、他の人材マネジメント施策もジョブ型に合わせた変革を行った企業事例です。

1 導入の背景・目的

A社は単体従業員数500人、企業向けにコンサルティング・アウトソーシングといった専門サービスを提供する企業で、人材こそが競争力の源泉となっています。組織は専門分野で四つの部門に分かれます。専門性を持つ人材が集まった企業のため、キャリア入社の社員が多い状況ですが、新卒採用も10年近く前から始めており、現在の規模にまで成長してきました。社員の年齢構成は年代のバラつきが少なく、特定の年代に人材が偏っているということはありません。

A社は社員の成長と、専門性の高い人材の確保・定着を経営上の重要

成功要因に設定しています。これまでの人材育成は、経験豊富な上司が中心となり、各職場でOJTを中心に行ってきました。ただ、上司の経験や主観に基づく育成にならざるを得なかったこともあり、計画性や再現性が低い状態、言い換えると行き当たりばったりの状態になっていました。また、自らキャリア形成をしようと考える社員からすると、ロールモデルとなる上司や先輩は多く在籍しているものの、どのように努力をすればよいかに悩むことも多く、結果として同業他社等への離職につながっていました。

このような状況から、自社内のポジションごとの職務要件（職務内容、必要な知識・スキル・経験など）を明確にし、それらをベースとした人材確保や人材育成、任免を行う人材マネジメントに転換することを企図し、ジョブ型人材マネジメントの導入を目指すことになりました。

2 基幹人事制度の改定

はじめに、ジョブ型人材マネジメントの基軸となる基幹人事制度を、これまでの役割等級制度から職務等級制度へと転換することにしました。ただし、役割等級制度を厳密に運用できていたことや、メンバー層の業務を担当者間の経験や保有スキルによって柔軟に分担していたことなどもあり、職務等級制度の対象は管理職のみに絞りました。

［1］役割等級のフレームを活用した職務等級制度

A社の現状の管理職の役割等級は、下から課長層（M）、部長層（GM）、本部長層（D）の3階層で構成されており、この枠組み自体は既に定着して機能もしているため、維持することを前提に検討を進めました。

職務要件の明確化を行うことが目的であったため、職務評価は客観性があり、説明力の高い「要素別点数法」で実施しました。職務評価の結果、M・GM・Dの3階層ごとの職務等級数は課長層（M）：3、部長層

（GM）：3、本部長層（D）：1としました[**図表15－1**]。ただし、職務等級の総数は合計の3＋3＋1の7ではなく6です。課長層（M）の最上位等級と部長層（GM）の最下位等級が同一レベル（職務評価によって区分されるジョブグレードが同一レベル）であると評価されたためです。これらを踏まえ、新しい等級制度においては、既存の課長層（M）、部長層（GM）、本部長層（D）の階層ごとに共通する期待人材要件があり、それを明示するためにも役割等級は内容をアップデートして残しつつ、同一の役割等級内でも職務評価による差異を盛り込んだ職務等級を軸とした制度にしました。

　また、これまでの役割等級（M・GM・D）はラインマネージャー向けの等級でしたが、今後は高度な専門性を持つ人材の確保や育成が求められるため、ラインマネージャー以外でも同等の処遇ができる専門家としてのポジションも設けることとしました。役割等級にM相当の専門家としてSP-A、GM相当の専門家としてのSP-Bの2階層を設けた上で、職務等級として5段階を設定しています。

　職務評価で収集した内容を基に、職務要件をポジションごとにジョブディスクリプションとしてまとめ、社内に開示もしています。

図表15－1　A社の管理職の等級制度

職務評価による区分	職務等級（新設）		役割等級（既存）	役割等級（新設）
ジョブグレード6	D		D	
ジョブグレード5	GM 3	SP 5		SP-B
ジョブグレード4	GM 2	SP 4	GM	SP-B
ジョブグレード3	GM 1　M 3	SP 3		
ジョブグレード2	M 2	SP 2	M	SP-A
ジョブグレード1	M 1	SP 1		SP-A

［2］ポジションの任免を支援する評価制度

　A社のこれまでの評価制度は、役割等級ごとに求められる発揮行動を評価するコンピテンシー評価と、業務目標の達成度を評価する目標管理の二つを運用していました。この枠組み自体は維持しつつ、ジョブ型の運用で重要となるポジションの任免の論拠として活用するための仕組みへ変更しました。具体的には、該当職務に「求められる言動」を発揮していたかを評価するバリュー評価、該当職務で「期待される成果」を創出していたかを評価するミッション評価の二つに変えています。バリュー評価はポジションごとに個別の評価項目を設定することも検討しましたが、任免に活用するためには同一の役割等級（M・GM・D）ごとに評価結果の比較・管理をする必要があると考え、議論の結果、同一役割等級であればすべて同一の評価項目を設定しました。この決定には、後継者候補の管理を個々のポジションごとではなく、ポジショングループ（似た職務を行っているポジションをグループとしてくくったもの）単位で行いたいという背景があります。この部分では完全なジョブ型ではなく、自社流の運用を選択しました。

　これらの評価結果を任免の判断に活用するために、ナインボックスと呼ばれるフレームワークを用いて人材の管理を行っています**［図表15－2］**。バリュー評価、ミッション評価をそれぞれ3段階に区分した九つのマトリクスのどこに位置するかによって人材を区分し、Mの母集団の中で優・良のセグメントに位置する人材と、GMの不可・再検討に位置する人材との交代を行います。ただし、ポジションごとに求められる知識やスキル、経験が異なるため、同一グループのポジションでもこのナインボックスだけで判断するのではなく、ポジションごとに後継者候補を定めた上で、あくまで後継者候補と現任者を比較して最終的に決定します。

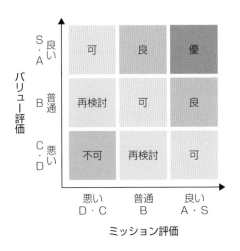

図表15-2 バリュー評価とミッション評価による
ナインボックス

（縦軸）バリュー評価

- S・A 良い
- B 普通
- C・D 悪い

（横軸）ミッション評価

- 悪い D・C
- 普通 B
- 良い A・S

	悪い D・C	普通 B	良い A・S
S・A 良い	可	良	優
B 普通	再検討	可	良
C・D 悪い	不可	再検討	可

［3］2階建ての報酬制度

　A社のこれまでの月例給はシンプルな役割給一本の構成で、役割等級ごとにレンジを設定し、そのレンジ内で人事評価により昇降給する仕組みでした。改定後は職務等級をベースに報酬も管理することとしたため、職務給を導入し、職務等級ごとに差をつけるようにしました。ただし、役割給も残して同一の役割等級であれば同一の役割給とし、職務等級ごとに異なる職務給との2階建ての構成としました。

　また、シングルレートとレンジレートのどちらにするかも検討を行いましたが、「キャリア採用時の柔軟性の担保」「昇給の有無によるモチベーション向上」などを狙い、レンジレートを採用しました。職務給は職務評価の結果に基づくためシングルレートにしましたが、役割給は現状どおりのレンジレートという構成です**［図表15-3］**。

　賞与制度は、現制度が「役割等級×目標管理の結果」で算出したポイントに基づき配分されるポイント制賞与制度を運用していましたが、改定後もこの枠組みを維持しつつ、「職務等級×ミッション評価の結果」で

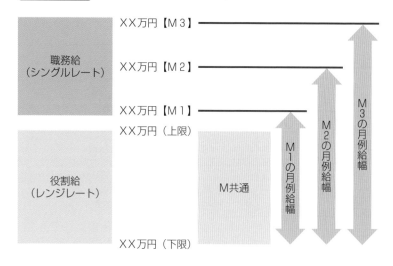

図表15-3 課長層(M)の月例給構成

職務給
（シングルレート）

××万円【M3】

××万円【M2】

××万円【M1】

××万円（上限）

役割給
（レンジレート）

M共通

××万円（下限）

M1の月例給幅

M2の月例給幅

M3の月例給幅

算出したポイントで配分されるポイント制賞与制度の仕組みへの微調整
にとどめています。

3 人材マネジメント施策の改定

　A社では、もともとの制度導入の狙いが人材確保や人材育成にありま
したので、基幹人事制度の検討・導入と合わせて、その他の人材マネジ
メント施策についても同時に検討を進めました。ただし、取り組み事項
が多岐にわたるため検討・実施を5年スパンで行うこととしました。基
幹人事制度の導入年をN年とした場合に、N－1年からN＋4年の時間
軸で取り組み事項のロードマップを作成し、優先順位を決めて計画的に
取り組んでいくことにしました［図表15－4］。
　このときの変革では職務等級制度の導入対象は管理職だけにとどめま
したが、将来的には非管理職層への拡大を予定していたこともあり、人
材育成、異動配置については全社を対象にジョブ型人材マネジメントの

図表15-4　ジョブ型人材マネジメントに向けた施策ロードマップ

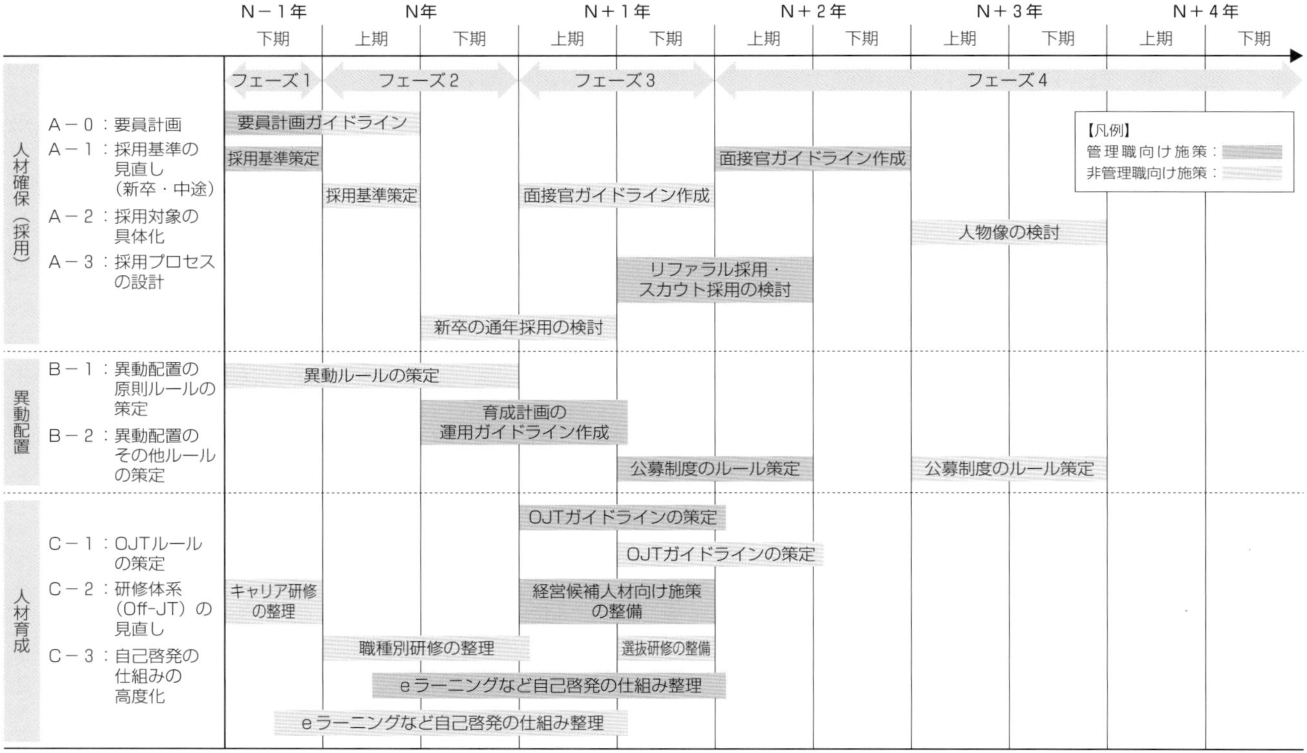

【凡例】
管理職向け施策
非管理職向け施策

時間軸： N-1年（下期）／ N年（上期・下期）／ N+1年（上期・下期）／ N+2年（上期・下期）／ N+3年（上期・下期）／ N+4年（上期・下期）

フェーズ： フェーズ1 ／ フェーズ2 ／ フェーズ3 ／ フェーズ4

人材確保（採用）
- A-0：要員計画
- A-1：採用基準の見直し（新卒・中途）
- A-2：採用対象の具体化
- A-3：採用プロセスの設計

異動配置
- B-1：異動配置の原則ルールの策定
- B-2：異動配置のその他ルールの策定

人材育成
- C-1：OJTルールの策定
- C-2：研修体系（Off-JT）の見直し
- C-3：自己啓発の仕組みの高度化

施策項目：
- 要員計画ガイドライン
- 採用基準策定
- 面接官ガイドライン作成
- 人物像の検討
- 新卒の通年採用の検討
- リファラル採用・スカウト採用の検討
- 異動ルールの策定
- 育成計画の運用ルール・ガイドライン作成
- 公募制度のルール策定
- キャリア研修の整理
- OJTガイドラインの策定
- 職種別研修の整理
- 経営幹部人材向け施策の整備
- 選抜研修の整備
- eラーニングなど自己啓発の仕組み整理

導入に向けた施策を検討しました。

［1］人材確保に関する取り組み

　最初に取り組んだのは、要員計画を立てるためのガイドラインの作成です。人事部門がガイドラインを作成した上で、四つの部門ごとに、経営目標に即した要員計画を立案できるようにしました。これはポジション数の決定にも必要になるため、基幹人事制度の導入に間に合うように整備しました。

　将来的にはリファラル採用やスカウト採用といった新しい取り組みの導入とともに、採用基準の見直し、面接官のスキル向上のガイドライン整備などに着手する予定です。

［2］異動配置に関する取り組み

　ジョブ型の原則にのっとり、異動配置は本人の意向を重視することを社内に明示するため、ルールづくりから着手しました。管理職を対象としたサクセッションの考えを盛り込んだ育成計画と連動したルールもガイドラインとして設けています。

　また、職務等級制度の運用定着を見定めて、ポジションの公募制度を開始する予定です。

［3］人材育成に関する取り組み

　人材育成で最初に取り組んだのは、ジョブ型で働く上で必須となる自律的なキャリア形成の啓発と、キャリア研修の設計・導入です。新しく導入する施策を社員が適切に利用できるようにすることが重要であるため、この仕組みづくりは丁寧に行いました。

　その上で、自ら学ぶことを支援するeラーニングなどを整備するとともに、経営を担う人材の育成を目指した選抜型の研修や、各職場での学びを促進するためのOJTガイドラインなどの整備を予定しています。

[4]その他の取り組み

　これまで紹介した取り組み以外にも、多様な働き方を実現するために副業・兼業制度、転身支援制度なども整備、拡充をする予定です。社内でのキャリア形成だけでなく、外部も含めて自身のキャリアを築いていくことができるようなサポート体制として、外部のカウンセラーにキャリアを相談できる体制を整えました。

4 導入の効果・今後の課題

[1]導入による効果

　各ポジションの職務要件が明確化され、ジョブディスクリプションとして開示されたことにより、社員一人ひとりが社内でのキャリア形成を具体的に考えるようになりました。自身の志向やこれまでの経験を踏まえ、自社でどのようにキャリアを築けばよいのかを考えたり、上司と部下で話す場面が増えたりと、自律的なキャリア形成を行う風土が定着しつつあります。ポジションの任免の仕組みが整備されたことで組織の新陳代謝が促進され、特に若手社員が積極的にポジションにチャレンジするようになったことも導入の効果といえます。また、一人ひとりがプロフェッショナルを目指すという意識が高まり、学習する習慣が組織に定着してきたことも大きな変化です。業務が多忙となると、どうしても自己啓発の時間が取りにくくなってしまいますが、「学ぶことがキャリア形成には必須」という考えが定着し、業務をうまく調整し、学習する時間を捻出することがスマートだという風土に変わってきています。

　人材確保において、求職者にジョブディスクリプションの内容を明示できるようになり、採用時のマッチング精度が上がってきたという手応えも感じられるようになっています。

[2]今後の課題

　A社では要員計画を立案していますが、実態は一部の人材が複数のポジションを兼務している状況で、すべてのポジションが充足できているわけではありません。1人が持つリソースが分散してしまっており、イレギュラーな状態が続いています。人材確保や人材育成は効果が出るまでに時間がかかることから、この兼務を早急に改善する必要があり、より機動的な人材確保が課題となっています。

　一方で、課長層（M）の下の階層は要員の余剰が発生しており、上手な入れ替え、ポジションの充足は今後の課題と考えています。

第16章

メンバーシップ型にジョブ型要素を盛り込んだ
人材マネジメントの確立：B社

　本章は、メンバーシップ型の人材マネジメントを行ってきた大手企業が、今後の外部環境の変化に対応するためにジョブ型の要素を盛り込んだ新しい自社流の人材マネジメントを確立した事例です。今後の10年を見据えた人事部門の長期計画を立案した上で、ジョブ型ありきではなく、今後の人材マネジメントに必要な要素をどのように組み込むかを丁寧に検討していきました。

1 導入の背景・目的

　B社は単体従業員数2000人のB to Cの製造業で、創業から100年を超える長い歴史と業界トップクラスのシェアを持ち、高い知名度を誇ります。業績が比較的安定している業界であることに加え、B社は新卒採用における就職希望企業ランキングで上位になることも多く、新卒採用においてはあまり苦労せず、また離職率も低いという特徴があります。

　B社は創業以来、人材を大切にすることを重視しています。メンバーシップ型の人材マネジメントを展開しており、新卒で入社した社員に対して年次による同期管理を行い、階層別研修や定期的なローテーションなどを通じて人材育成を行ってきました。ただ、転居を伴う異動の発生、一定の年次・等級までは同期間で差がつきにくい人事運用など、社員が求める働き方の多様性に対応できていない部分が顕在化し、エンゲージメントスコアの停滞などが目立つようになってきました。また、海外売上比率が高まる中で、外国籍社員やキャリア入社社員など、自社の文化で育ってきたわけではない社員も少しずつ増えてきており、そのような

社員から人材マネジメントへの疑問が投げ掛けられるなど、現行の人材マネジメントの限界が感じられるようになっていました。

　このような状況から、働き方の多様性を実現する人材マネジメントへの転換を企図し、会社をリードする役割である管理職層を対象に、ジョブ型の要素を取り込んだ制度への転換を目指すことにしました。

2　基幹人事制度の改定

　B社の場合は、全面的にジョブ型に切り替えるのではなく、メンバーシップ型の考えを残しつつ、一部ジョブ型の要素を取り入れた人材マネジメントを目指しました。どっちつかずの中途半端な内容になってしまうリスクもあるため、改定の目的や導入箇所・内容について慎重に検討を進めました。基幹人事制度についても、ジョブ型の要素は自社の目的に適合するものに絞って導入をしています。

［1］社内でもキャリアステージにより三つの等級制度を構築

　10年後に向けた人事戦略・人事長期計画を検討した際に、特に新卒採用という慣習は当面残ると考え、「学校卒業後に新卒で入社してからの約10年間は育成期間」という考えを維持しました。この10年間は自身の適性の把握とビジネスパーソンとしての土台・専門性の確立、B社社員としての価値観の共有を行う時期として位置づけ、メンバーシップ型の人材マネジメントの特徴を残すこととしました。基幹人事制度も従来の職能資格制度を維持しています。また、非管理職の中堅層にはキャリアを自律的に形成することをこれまで以上に促しますが、さまざまなライフイベントが発生する年代の社員も多く、社員の希望に応えて多様な働き方を実現する短時間勤務、休職制度、リターン制度（育児や介護などで一度退職した社員が復職する制度）などが充実していたこともあり、厳密な要員計画に基づく管理は難しいと考えました。そのため、職務等級

制度ではなく、要員計画や業務配分などの柔軟性を持てる役割等級制度に切り替えました。

　B社では、管理職をキャリアアップを目指す社員が到達すべき層と位置づけ、ポジションごとに職務要件を明確に定めることでキャリア形成のゴールとして機能させることを目指し、本格的に職務等級制度に切り替えることにしました。役割等級は中堅層同様に設定するものの、管理職は一律で同一等級と位置づけます。処遇は格付けされる職務等級で厳密に管理されるため、実質的には職務等級制度一本の管理といえます。

　同じ社内でも、管理職（Manager）は職務等級制度、非管理職の上層（Chief）が役割等級制度、下層（Staff）が職能資格制度と、三つのステージごとに制度を大きく変えることとしました**[図表16−1]**。

[2]管理職のポジションの任免方法

　B社の管理職については、これまでのメンバーシップ型の人材マネジメントから大きく転換し、ポジションに基づいて任免を厳密に管理することにしました。従来も後継者を想定して任免の管理をしていましたが、体系立ったものではなく経営者や現任者の対話で緩やかに管理されていた状況でした。

　今後は各ポジションにふさわしい人材を社内からの内部登用に頼るだけでなく、外部の労働市場からも確保しなければ競合との競争には勝てないと考え、最適な人材をポジションに就けるための方法として任免の仕組みを整備しました。

　ポジション管理を行う場合、まず要員計画を立てることがスタートになります。経営目標の達成のために必要十分なポジションを要員計画として整理しますが、今回導入した仕組みでは、要員計画立案時に該当ポジションの後継者候補がいるかどうかで対応を区分しました。サクセッションマネジメントの一環として、全社視点で数年先を見据えた人事異動などの取り組みが計画的に行われて後継者候補が育成されていれば

図表16-1 B社の等級制度

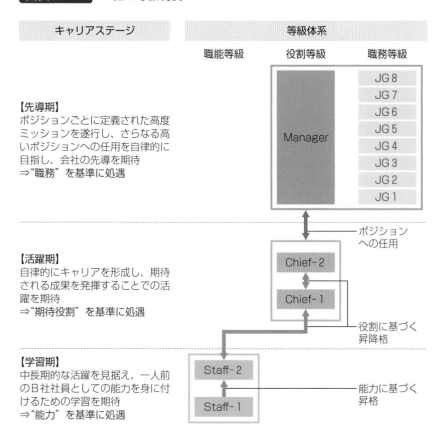

社内から任用しますが、新規のポジションなど後継者がいない場合は内部登用にこだわらず、社外からの採用を徹底することにしています［図表16-2］。

[3]等級制度に合わせた評価制度・報酬制度

ジョブ型の要素を取り入れた変革として等級制度を大きく見直したB社ですが、評価制度は微修正にとどめました。今回の検討前から、行動

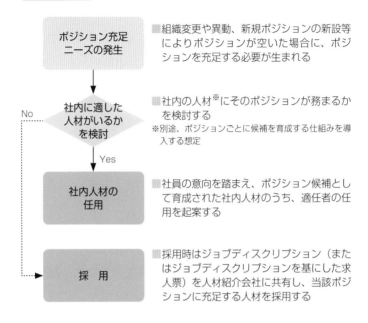

図表16-2 ポジション任用プロセス

ポジション充足 ニーズの発生	▮組織変更や異動、新規ポジションの新設等によりポジションが空いた場合に、ポジションを充足する必要が生まれる
社内に適した 人材がいるか を検討	▮社内の人材[※]にそのポジションが務まるかを検討する ※別途、ポジションごとに候補を育成する仕組みを導入する想定
社内人材の 任用	▮社員の意向を踏まえ、ポジション候補として育成された社内人材のうち、適任者の任用を起案する
採　用	▮採用時はジョブディスクリプション(またはジョブディスクリプションを基にした求人票)を人材紹介会社に共有し、当該ポジションに充足する人材を採用する

評価と目標管理制度による成果評価の二つがあり、制度として機能していたことがその理由です。報酬制度については、職務等級制度の導入によって賃金項目等の調整を行い、一部洗い替えテーブルを導入しましたが、報酬水準は維持しました。

3 人材マネジメント施策の改定

　B社では、既存の人材マネジメントで残すべきところ、変えるべきところを丁寧に検討し、取捨選択しながらジョブ型を適用していきました。基幹人事制度は、管理職の等級制度と任免・登用を中心に改定しました。

　その他の人材マネジメント施策において最も大きな変革は、HRビジネスパートナー(以下、HRBP)の設置です。管理職の任免だけでなく、非管理職でも役割等級と職能資格制度の2本立てになるなど、人材マネ

ジメントの運用に一定の人事知見が必要になったため、現場での運用サポートを行う必要がありました。

そこで、HRBPの設置に向け、①HRBPに必要なスキルセットを整理した上で、②HRBPを務める人材の確保・育成方法の検討を行いました。

［1］HRBPに必要なスキルセットの整理

HRBPの必要性を理解し、自社に設置することを決めたB社は、前提としてHRBPが提供するサービスの品質を保つために、HRBPに求める要件を［図表16－3］の①～③に整理しました。

［2］HRBPを務める人材の確保・育成方法の検討

続いて、このような要件を満たす人材をどのように育成・確保するかを検討しました。現状の人材リソースを調査したところ、要件①～③を現時点で兼ね備える人材は、かなり少ないことがわかったことから、①～③のいずれかを持つ人材を特定し、不足している要件を何らかの形で補充することで対応することにしました。

最初に候補となったのが、要職を以前に務めていた人材（役職定年者／

図表16－3　HRBPに求められる人材要件

求められる要件	求められる理由
①所属部署のビジネスに関する知識	HRBPは、事業戦略と個人ごとの特徴を踏まえて、育成施策や要員・配置計画立案を推進していくことが求められるため、該当部署のビジネスに関する知識が必要
②所属部署のビジネス構造・事業展望に関する知識	所属部署における将来的な要員計画とそこに紐づくサクセッションプランを立案するため、中長期的な目線で事業がどう変化するかを考えられるだけの高い視座が必要
③人事領域に関する知識	所属部署における人事施策の立案・推進を行うため、人事領域に関する知識（キャリアデザイン、育成の理論等）が必要

定年再雇用者）です。以前に拠点長（部長格以上）を務めたことがあり、「①所属部署のビジネスに関する知識」「②所属部署のビジネス構造・事業展望に関する知識」を十分に保有しており、「③人事領域に関する知識」についても、拠点運営をする上で必要な人材マネジメントの運用経験があります。人事の専門的な知見については不安がある人材も多いものの、その部分は人事部門が事前に研修を実施したり、フォロー担当の専任者を配置したりすることで十分に対応できると考えました。

　また、中長期の視点から、サクセッションマネジメントの一環で戦略的な異動配置の対象者となった人材をHRBPに充てることも考えました[図表16－4]。先述の①②の素養があり、それらをより開発することが期待され、教育されていること、③についてもサクセッションマネジメントの一環で受講する研修等で知識を身に付けていることがその理由です。当然、HRBPは事業責任者の"右腕"として働くので、経営的な視点を身に付けるOJTの場としても有益な経験となります。

図表16－4 **HRBPを務める人材候補**

【HRBP候補（短期）】役職定年者（定年再雇用者）	■定年再雇用となった元拠点長（部長格以上）を、HRBPに任用する • 元拠点長であるため、「①所属部署のビジネスに関する知識」、「②所属部署のビジネス構造・事業展望に関する知識」だけでなく、所属部署の構成員のキャリア志向や能力等も一定程度把握できている • ただし、「③人事領域に関する知識」の不足が想定されるため、人事部門が主体となりサポート（研修等）を行うことが必要となる
【HRBP候補（中長期）】サクセッションマネジメントの対象人材	■人事に関する業務経験があるサクセッションマネジメント対象者をHRBPに任用する • 組織を俯瞰できる能力を身に付けることを目的に、HRBPを任用する。ただし、「③人事領域に関する知識」が必要であるため、人事に関する業務経験をHRBPへの任用要件に加える

4 導入の効果・今後の課題

[1]導入による効果

　管理職ポジションの職務要件が明確化され、任免を厳格に行うように
なったことと、処遇も職務等級に連動することで、ポジションの任免の
重要性が社内で高まりました。また、このような仕組みを導入するとき
の懸念として、「運用が形骸化してしまい、絵に描いた餅となること」が
あります。今回はHRBPを設置して現場管理職による運用で起きる疑問
を解消し、情に流されそうなときでも客観性を重視する運用を徹底する
ことで、「絵に描いた餅」になることは防ぐことができています。

　さらに、これまでは「上司に推薦されるのを待つもの」といった謙譲
の文化があったため、キャリアアップを目指すための努力を周囲に見せ
ないところがありました。しかし、ポジションごとにサクセッションマ
ネジメントが開始されたことで、対象者や対象になることを目指してキャ
リアアップを図る社員が努力を隠すことがなくなり、自律的に学びを深
める社員も増えてきています。

[2]今後の課題

　新卒採用など、人材確保ではそれほど苦労してこなかったB社ですが、
要職を務める人材のキャリア採用はこれから本格化していく段階です。
特に海外市場の展開をリードする人材は内部育成も難しく、キャリア採
用で確保していく必要があります。現段階は内部の社員向けの施策が中
心であり、今後に向け、さらに人材確保施策の積極的な展開が必要になっ
ています。

　また、キャリアに関する考え方の多様化もあり、すべての社員がキャ
リアアップを目指すわけではないのも事実です。そのような社員が高い
エンゲージメントを持って働くための環境整備や施策についても、今後
の検討が必要だと認識しています。

第17章

職務等級人事制度の部分導入：C社

本章では、職能資格制度を残しつつ職務等級制度を導入した企業の事例を紹介します。「職能資格」と「職務等級」を併用するダブルラダーの等級制度を採用し、職能給・職務給のハイブリッド型の賃金制度を設計した導入事例です。

1 導入の背景・目的

C社は企業単体での従業員数500人強の専門商社です。IT関連商品の販売が主な業務で、商材の販売・導入に伴う営業企画とソリューションサービスも行っています。組織は四つの商材別の部門と管理部門から構成され、商材部門間のジョブローテーションはほぼありませんでした。昔は20代の若手社員が多い会社でしたが、新卒採用を始めた約20年前に大量採用した社員が40代になり、近年では社員の平均年齢とともに管理職比率が上がっています。業況は、過去のヒット商材のおかげで直近5年ほどは順調でした。しかしながら、技術革新のスピードが速い業界であり、その商材による収益上の恩恵が得られない予測が立ってきたことから、C社では次の収益拡大のために本業のビジネスと組織構造の双方の改革が必要な状況でした。

事業面の改革としては、新規事業を立ち上げ、遂行プロジェクトが発足しました。既存商材についても、販売チャネルやニーズの多様化に対応するためにデジタルマーケティング分野を強化するなど、従来の商品企画・販売促進方法を一新することになりました。

組織面の改革では、組織構造の見直しと基幹人事制度改定をメインに実施することにしました。C社の人事制度は、長らく改定していなかっ

たため、職能資格制度の下、年功的な運用となっていました。前述の新規事業プロジェクト推進のためには当該分野の専門人材の採用が急務となっていましたが、同社ではこれまで「30代以上のキャリア採用者の定着率が悪い」という課題があったことから、新規事業や組織改革の成功のためには、IT大手企業等の業界他社から経験者を引き抜き、マネージャーとして定着させることが必須だと認識していました。一方で、管理職比率が上がった結果として一般社員と同じ仕事をしている管理職も多く、職責に応じて処遇を適正化したいという狙いもありました。

2 基幹人事制度の改定

こうした状況から、外部人材の採用強化と不活性人材の処遇適正化の目的で、職務等級人事制度の導入に踏み込むことになりました。ただし、主な課題が管理職に関わるものであることから、制度改定の範囲としては、当面は管理職のみを対象とすることにしました。

[1]ダブルラダーの等級制度

C社では、まずは純粋な職務等級制度を導入する前提で検討が始まりました。しかし、経営層と人事部門の協議の中で、現状の階層をいきなり廃止するのはリスクが大きいと判断し、職能資格制度を存置した上で職務等級制度を導入することになりました[図表17－1]。

これは導入目的に対して保守的な判断ともいえますが、降格・降給をしない職能資格制度を半分残すことで社員に安心感を与えながら、もう一方の職務等級制度のポジション変更は厳格に実施するという狙いがありました。C社では、これまで現場の人事運用で抜擢昇格やポストオフに躊躇していた面がありましたが、職能資格と職務等級を区別することにより、職務等級制度の適正な運用とメリハリの効果が創出されることを期待したのです。

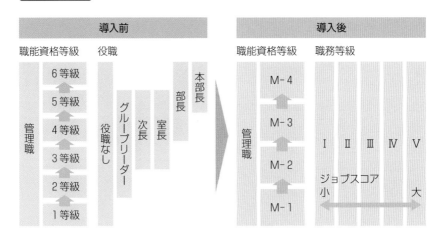

図表17-1　C社の等級制度改定

導入前

職能資格等級　役職

管理職

6等級
5等級
4等級
3等級
2等級
1等級

役職なし
グループリーダー
次長
室長
部長
本部長

導入後

職能資格等級　職務等級

管理職

M-4
M-3
M-2
M-1

Ⅰ　Ⅱ　Ⅲ　Ⅳ　Ⅴ

ジョブスコア
小　　　　　大

[2]ハイブリッド型の報酬制度

　ダブルラダーの等級制度を導入するため、月例給与については職能給を一定割合残した上で職務給を導入することにしました。その際、従来の役付手当を廃止しました。これまでの役付手当は、基本給と役付手当の合計に対して10％程度の金額でしたが、新制度では新しい基本賃金の50％程度を職務給としました[図表17-2：左]。ポジションに紐づく賃金を全体の半分まで拡大したのは、シミュレーションの結果、20～30％程度の幅だと引き続き年功的な賃金運用となり、職務給導入によるメリハリの効いた処遇が実現できないと予測されたためです。

[3]業績ファンドの設計

　賞与に関しては、これまでは人事部門が全社共通の支給水準（標準月数）を決定していましたが、新制度では商材分野ごとに部門長の裁量で社員に分配できる「業績ファンド」を作成しました。従来の賞与支給額の半分程度を原資とし、それに部門業績評価を反映して業績ファンドを決定することにしています[図表17-2：右]。市場に浸透している商材

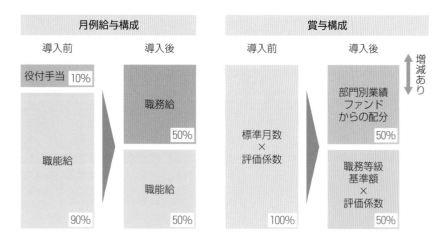

図表17-2 C社の報酬制度改定

月例給与構成

導入前　　　　導入後

役付手当 10%
職能給 90%

職務給 50%
職能給 50%

賞与構成

導入前　　　　導入後

増減あり

標準月数 × 評価係数 100%

部門別業績ファンドからの配分 50%
職務等級基準額 × 評価係数 50%

ほど売り上げを拡大しやすく、部門により対象人員や外注活用の依存度が異なるため、部門業績評価は複数の視点で決定する仕組みにしました。具体的には、売上総利益や営業利益の予算達成率などを中心に用いますが、新規事業の従事者が極端に不利にならないように、成長率の観点等も踏まえて評価指標や点数化の方法を設定しています。

なお、残り半分の部門共通の賞与支給部分については、職能資格でなく職務等級を基準に評価係数を掛けて分配する仕組みとしました。今回の制度改定で月例給与には職能給を残しましたが、賞与額には職能給の多寡を全く反映しないことになります。

3 人材マネジメント施策の改定

C社の組織改革では、基幹人事制度を検討・導入する上で多くの労力を要したため、その他の人材マネジメント施策については同時並行で幅広く検討することはできませんでした。そのため、新しい職務等級人事制度を機能させる観点で、特に必要な施策に絞って実施しました。

［1］新規事業ポジションの公募・採用

　新規事業の推進に当たっては、制度改定初年度から多くのポジションが必要というわけではありませんでした。そのため、新規事業組織への会社主導の配置転換は行わず、社内公募と新規採用を織り交ぜる形ですべてのポジションのアサインを決定することになりました。Ｃ社では15年以上前に導入した「社内FA制度」がありましたが、これまであまり使われることはなく運用が形骸化していました。そこで、ジョブディスクリプションの整備とともに「ジョブポスティング制度」と呼称も刷新することになりました。当然のことですが、新規事業以外でも公募ポジションを拡大し、ジョブポスティング制度を活用する想定です。

［2］ベテラン人材のリスキル

　Ｃ社の業態では、商材によっては今後の撤退が見込まれている部署もあることから、これまでも事業撤退に伴う人材のキャリアの見直しやリスキルが重要な課題でした。今回の制度改定においては、撤退分野に限らず社内で人材を好循環させるために、定期的に社員が希望する商材分野やポジションを確認する仕組みを導入することになりました。また、商材によっては全く異なる知識が必要になるので、ポジション転換前の準備として社内で基礎的な知識を学習できる仕組みを開発しました。Ｃ社では、もともと動画教材を作成する技術を自社で保有していたため、商材・ポジション別に期待するスキル・マトリクスを整理し、それに即したｅラーニングの動画コンテンツを整備しました。

4　導入の効果・今後の課題

［1］導入で変わった点

　新規事業については収益化こそ道半ばですが、1年で推進プロジェクトの円滑な立ち上げとともに事業がスタートできました。外部人材の採

用に関しては、従来よりもキャリア採用に適した人事制度を整えたため、30代後半の業界経験者を重要ポジションのマネージャーに登用するなど、一定の成果が得られました。

　また、制度導入の狙いどおり、抜擢人事とポストオフは従来よりも柔軟に実施できるようになりました。組織構造の見直しに伴い、各部門長が不要ポジションを検討し、一定割合のポジション廃止とアサイン見直しを断行する一方、それぞれの部門でジョブポスティングの枠を設けて、他の商材部門からも人材を受け入れることになりました。新制度では賞与額決定に部門業績評価を導入した状況もあるため、部門を超える異動の際は、本人の意思を踏まえてジョブポスティングを行うことを原則としています。

［2］今後の課題

　制度導入時に若干の仕組みは整えましたが、基幹人事制度以外の人材マネジメント施策の整備については、これからの課題です。C社では、特に人材育成について課題認識が強く、サクセッションマネジメントの実施や人材アセスメントの活用を計画する等、経営幹部人材やミドルマネージャーの成長支援施策を拡充予定です。

　将来的に職務等級の運用が定着したときには、管理職の基幹人事制度はダブルラダーの仕組みから完全な職務等級人事制度に移行する予定です。また、新規事業を中心に担当者層の専門人材のキャリア採用も拡大していく予定のため、今後は職務等級・職務給を一般社員にも適用することを検討しています。

おわりに：日本に必要な3度目のパラダイムシフト

　ジョブ型雇用の検討に当たっては、人材マネジメントに関する深い知識・ノウハウ・経験を有する方々が、自社の事業戦略を熟知した上で、トップマネジメントや現場の意見を把握・擦り合わせしながら、最終的には確固たる経営判断を下す必要があります。本書を読了いただいた方であれば、目前にそびえる山の高さを十分に実感できたことでしょう。ジョブ型雇用の検討は数十年に一度あるかないかの壮大なプロジェクトであり、誰もがその着手に二の足を踏むところです。

　そこで、読者の皆さんによるジョブ型雇用検討に向けた第一歩を応援すべく、筆者らからのメッセージをお届けし、本書を締めくくりたいと思います。

　日本の近現代史において、過去2度、節目になる年がありました。それは1868年と1945年です。言わずと知れた明治維新と先の大戦の敗戦です。いずれにおいても日本は国家的なパラダイムシフトを成し遂げ、その後の大きな発展につなげました。

　これらの出来事に共通する特徴として、外圧（黒船やGHQ）をきっかけに、和魂洋才の考え方で国全体を一気に変革したことが挙げられます。また、それだけではなく、パラダイムシフトをリードした志あるキープレーヤーの存在も特徴といえるでしょう。それぞれの時代において、幕末・維新の志士や戦後日本の復興に尽力した官僚らが大いに活躍しました。

　2020年、新たな、そして戦後最大の外圧が、ウイルスという形で日本を含む全世界を襲いました。戦後75年という年数は、くしくも、明治維新から終戦まで（77年間）とほぼ同じ時間間隔です。日本が"失われた30年"から脱却し、ここでもう一度発展していくためには、3度目のパラダイムシフトが必要であることは間違いありません。しかも、今回突

き付けられている課題は、日本企業における雇用の在り方の変革です。そのため、このパラダイムシフトをリードするキープレーヤーは、本書の読者のような方々だと筆者らは信じています。私たちは皆さんの活躍に大いに期待しています。そして、本書が皆さんによる人材マネジメント変革の一助になれば、これに勝る喜びはありません。

　末筆にはなりますが、本書執筆に当たっては、一般財団法人労務行政研究所の荻野敏成さんからさまざまな示唆とアドバイスをいただきました。また、三菱UFJリサーチ＆コンサルティング　コンサルティング事業本部の組織人事ビジネスユニット長である船引英子さん、同じくジョブ型雇用タスクフォースチームのメンバーである新井みち子さん、寺田京平さん、熊井秀臣さん、朝日祐輔さん、駒田友紀さん、諏訪内翔子さん、寺西克裕さんにはプロフェッショナルの視点から査読に協力いただき、内容に磨きをかけることができました。本書の完成は皆さんからの導きによるものです。この場を借りて厚く御礼申し上げます。

　2022年2月
石黒太郎・小川昌俊・三城圭太

著者紹介

石黒太郎（いしぐろ　たろう）
第1章・2章・3章・4章・13章担当
慶應義塾大学法学部政治学科を卒業後、大手自動車部品メーカーでの20年間の勤務を経て、三菱UFJリサーチ＆コンサルティング株式会社入社。事業会社の人事部門および海外生産法人における人事の実務および管理職としての経験・ノウハウ・現場感覚に基づく、顧客目線に立ったコンサルティングサービスを提供。著書に『失敗しない定年延長』（光文社新書）、『企業競争力を高めるこれからの人事の方向性』（労務行政）、『「65歳定年延長」の戦略と実務』（日本経済新聞出版）がある。

小川昌俊（おがわ　まさとし）
第10章・11章・12章・14章・15章・16章担当
一橋大学商学部を卒業後、コンサルティングファーム数社の勤務を経て三菱UFJリサーチ＆コンサルティング株式会社入社。人事コンサルティング歴は17年を超え、大企業からスタートアップまでさまざまな業種の人事制度改革（ジョブ型・定年延長などを含む）、人材育成体系構築、役員制度改革などに従事。また、マーケティングの視点を取り込んだ人事部門変革も推進。著書に『「65歳定年延長」の戦略と実務』（日本経済新聞出版）、『進化する人事部』（労務行政）、『長時間労働対策の実務』（労務行政）などがある。

三城圭太（みしろ　けいた）
第5章・6章・7章・8章・9章・17章担当
慶應義塾大学文学部を卒業後、製造業人事部門を経て、2006年に三菱UFJリサーチ＆コンサルティング株式会社入社。入社後は、ジョブ型雇用を含む人事制度改定、組織改革・人材育成支援、セミナー・研修講師、労働・人事分野の調査・書籍執筆などに幅広く従事。人事コンサルティングでは経営管理レベルの向上に加え、社会集団として企業が持つ文化や特徴を活かすことを心掛けている。2013年青山学院大学大学院社会情報学研究科 博士前期課程修了〈修士（学術）〉。著書に『「65歳定年延長」の戦略と実務』（日本経済新聞出版）などがある。

カバーデザイン／株式会社ライラック
印刷・製本／日本フィニッシュ株式会社

ジョブ型雇用入門

2022年3月18日　初版発行
2024年3月25日　初版2刷発行

著　者　三菱UFJリサーチ＆コンサルティング
　　　　石黒太郎　小川昌俊　三城圭太

発行所　株式会社 **労務行政**

〒141-0031　東京都品川区西五反田3-6-21
　　　　　　住友不動産西五反田ビル3階
TEL：03 (3491) 1231
FAX：03 (3491) 1299
https://www.rosei.jp/

ISBN978-4-8452-2393-0